昭和の戦争と独立

二十一世紀の視点で振り返る

保阪正康

山川出版社

昭和の戦争と独立

二十一世紀の視点で振り返る

昭和の戦争と独立　目次

二十一世紀の視点で振り返る

第一部　昭和の戦争

第二部　昭和の独立

第一部　昭和の戦争

第1章

原発事故と太平洋戦争
二つの失敗、その共通点

原発事故と昭和の戦争

この前、あるテレビ番組を見ていたら、平成生まれという青年がインタビューを受けておられましてね。何かの企画のコーナーで、昭和という時代についてどう思うか、というような質問に答えてもらうというものです。

するとその青年は、昭和ってなんかジメジメして暗い感じがする、私は昭和と違って明るい平成生まれですからと、とてもあっけらかんと答えておられました。それを見ていた昭和世代、いやいや昭和でも古い化石のような世代の僕は、いささか愕然としながら(笑)見守っておりました。

暗いといわれてしまうと身も蓋もありませんけど、ああ、昭和という一つの時代がどんどん遠くなっているなあという感慨とともに、平成の後は今の若者がいうように明るい時代であってもらいたいとも思うのです。

でも、なかなかそうはいかないものですね。二〇一一年三月十一日に東北を襲った地震と津波の傷跡はいまだに癒えず、福島第一原子力発電所の事故の影響は近隣住民の方々の生活に始まって放射能の汚染の問題含め、長い戦いを強いられています。

船橋洋一さんという、朝日新聞の主筆だった方がまとめられた『カウントダウン・メルトダウン』（文藝春秋社刊）という本を読みました。あの未曾有の原発災害に当たって政府や東京電力、原子力保安委員会から自衛隊、消防に至る日本の当事者組織がどのように対応したのか、同盟国であるアメリカの動向も含めて克明に取材した記録です。

それを読んで僕が感じたのは、さっきの平成生まれの青年にしてみれば大昔のことと笑われるかもしれない昭和の戦争が、決して「昔」の話だと済まされることではないということでした。東京電力はまるで関東軍のようだし、振り回されて事態を統御できない政府はかつての大本営と同じではないかと。頼まれた新聞での書評にも、僕はそう書きました。あの三年八ヵ月続いたアメリカとの戦争で日本が敗北へと転がり落ちていく過程に起こったいろいろな事柄が、この原発事故対応の際にもかたちを変えながら噴き出したように見えます。

日本の科学技術の敗北

一つ二つ、思いつくところでお話しすれば、例えば科学技術と日本人という問題です。この書のなかで、事故当時、資源エネルギー庁のエネルギー・新エネルギー部長として事故対応に参加していた安井正也さんという方がこんな証言をされています。

〈日本には技術政策全体のバランスや優先順位を見て、的確な判断と方向を示すチーフ・エンジニアがいない〉

戦後、アメリカから導入した原子力発電はいつの間にか、日本の技術力のフラッグシップ（旗艦）とまで呼ばれるようになったそうですが、あの原発事故はまさに日本の「技術力の敗北」なのだと。そうなってしまった理由が、前例主義や様式主義にとらわれて安全への進歩を忘れてきたことにあるといいます。

とても考えさせられる言葉です。しかも、この本で触れられていることですが、世界に冠たるロボット大国のはずの日本に、放射線量が高くて人が近づけない福島第一原発で対応できるものがなかったんですね。そこに投入されたのは、実はアメリカ製のロボットだったと。

なんだかこんなところも、戦前・戦中とあまり変わらない気がするんです。もちろん技術力では当時と雲泥の差ですが、技術への取り組み方、技術を使いこなしていく思想というものが、あまり変わっていないのではないかということです。

太平洋戦争下、日本の軍部も原子爆弾開発に乗り出していました。でも、陸軍は理化学研究所の仁科芳雄研究室、海軍は京都大学の荒勝文策研究室と、陸海軍がバラバラに進めていた格好なんです。しかも軍が本腰を入れはじめたのが絶対国防圏の要衝だったサイパンが陥落してからで、東條英機首相が「ウラン爆弾をすぐ造れ」とハッパをかけてウラン鉱脈を探させますが、そんなに簡単に見つかりません。ようやく昭和十九年の暮れに福島県の石川町に鉱床があるらしいということになり、地元の中学生などを勤労動員して採掘を始めるんですね。まあ、すべて泥縄です。

ところが、原子爆弾製造に必要なウラン十キロを得るには、五十三万トンの鉱石を掘り出さなきゃいけない。それを中学生たちがスコップで……。動員された彼らには可哀想ですが、とても現実的とはいえません。

結局、研究所も空襲に被災したりしてウラン爆弾の開発も中止に追い込まれます。まあ、アメリカが物理学者などあらゆる頭脳と人員、資材を動員して国家規模のプロジェクトとした原爆開発のマンハッタン計画に比べたら、子どものおままごと程度の話です。まさに先ほどの安井さんのいう、チーフ・エンジニアがいなかったのです。

日本海軍が誇ったゼロ戦もそうです。熟練のパイロットに操られるゼロ戦のずば抜けた航続距離に旋回性能、二十ミリ機銃の威力は連合国の戦闘機を圧倒し、「ゼロ・ファイター」と呼ばれて恐れられたものでした。

ところがミッドウェー海戦やガダルカナルの戦いで多くのパイロットを失うと、養成の方が追いつかなくなる。アメリカはゼロ戦の弱点を徹底的に研究し、新しい戦法を考案します。常に一歩先を行こうとするわけです。

象徴的なのは、サイパンの戦いの際に連合艦隊がアメリカ機動部隊に決戦を挑んだマリアナ沖海戦です。これは後で詳しくお話ししますけど、ゼロ戦に護衛された雷撃隊が敵艦めがけて突っ込んでいくとアメリカの戦闘機が上空で待ち伏せしていて、バタバタと撃ち落とされてしまうんです。アメリカ軍は性能のいいレーダーを実用化していて、日本軍の攻撃隊が来るのを待ち構えていたんですね。戦闘機の性能だけでなく、総合的なアメリカの技術力の前に敗北したのです。

日本人にはどこか、優秀なモノを造ってあとはそれでよしとしてしまうところがあるのかもしれません。原子炉だって恐らく世界に引けを取らないほどモノとしてはきちんと造られているのでしょうけれど、周辺のシステムも含めてそれらを俯瞰して見たときに、どこか大きな盲点があったんですね。日本の技術力を文字通り注ぎ込んだ世界最大の戦艦大和だって、その主砲をほとんど使用することなく、航空機によって沈められてしまう。モノを造るというのも組織ですから、日本人の組織の問題なのかもしれません。

非常時に弱い日本の組織

船橋さんの書のなかでは、原発事故後の対応の際にＳＰＥＥＤＩ（スピーディ）なる、放射能がどう拡散していくかを予測するシステムの公表が遅れて役に立たなかった背景についても詳しく記されています。

僕は専門家ではないのでこの本からの受け売りですが、このＳＰＥＥＤＩとはアメリカのスリーマイル島原発事故をきっかけに、原子力安全技術センターという文部科学省が所管する財団法人が八十年代から運用してきたものだそうです。原発や原子力船の事故、核兵器テロといった原子力災害で発生する放射能の影響は一国だけの問題ではありませんから、世界各国で同じようなシステムを持ち、各地に放射能を計測するモニタリングポストを設置して気象状態などから発生した放射能がどう動いていくのか地球規模でわかるようになっているんですね。

もちろん、原発事故が発生した場合の住民避難に役立てるという目的があったのに、あの福島第一原発事故では発生直後の重要な時期にこの予測システムが公表されず、百億円以上もかけたシステムがまったく役に立たなかったのです。

著者の船橋さんはこの問題の経緯を丹念に取材されて、その原因を四点挙げられています。そもそも政府などにこのSPEEDIを住民避難に生かそうとする意思が薄かったことや、発生源の福島第一原発のモニタリングポストが電源喪失で機能せずデータに欠損が生じたことで、不正確な予測を出してパニックが起こることを恐れたなど。

僕が気になったのは、省庁間の消極的権限争いが、公表遅れの原因の一つに挙げられていたことです。要するに公表してあとで責任を取らされることを恐れるという、省庁の組織防衛があったという指摘です。

これも後でお話しすることですけれども、まるであの戦争における陸軍と海軍の関係を思い出させるような話なのです。

とにかく陸軍と海軍は仲が悪かったんです。平時だって、相手より少しでも多く予算を獲得することに明け暮れていましたし、それだけではなくて自分たちがどれだけ石油や物資を保有しているのかということすら教えないくらいなんですから。

戦前に、国家総動員政策に基づいて物資動員をつかさどる企画院という機関がありました。対米英戦に踏み切るときに、当然ですが国内に石油の備蓄がどれくらいあって、それが戦争になったらどのくらいまで持つのか、ということを調べたんですね。僕が昭和五十年代、存命だった当時の企画院総裁、鈴木貞一さんに聞いたら、「陸軍省や海軍省から信頼のおける基礎数字がだされていたわけでない」と。つまり戦争のための物動計画を立てなくてはならないときですら、自分たちの持っている正確な石油の量を明かさないんです。おそらく、かなり少なめに報告したんでしょうけれど。

こうした陸海軍の組織防衛、メンツにこだわるいがみ合いは戦争が始まると、それまで以上に表に出てくるようになります。つまり非常時にその弊害は正されるのではなく、むしろ取り返しのつかないような事態を生んでしまうんですね。それがあの戦争でどのように出たか、あとで考えてみたいと思います。

恐るべき楽観主義

僕はこの本を読み終えて最後のページを閉じたときに、なんと日本人は昔も今も楽観的なのかという思いに包まれました。それは、「恐るべき楽観主義」と言い換えてもいいかもしれません。

これは事故発生当時の民主党政権だけの問題ではないでしょうけれど、原発を制御するために不可欠な電気が止まるということをとことんまで想定していなかったことがこの書からうかがえます。そうした事態が起こることを歴代政府も東京電力も原子力安全・保安院も、「安全です」の一言で済ませてきてしまったんですね。

このこともまた、あの太平洋戦争を想起させるんです。アメリカとの戦争を始めたときの政治・軍事指導者たちも似たような「恐るべき楽観主義」に包まれていました。

僕があの戦争についてずっと調べてきて、どうしてもわからないことがあるんです。それは、彼らがあの戦争で、アメリカに勝つという状況をどのように考えていたのかということです。

アメリカにどうしたら勝てるか。例えば、太平洋を東へ突き進んでアメリカ西海岸に上陸し、アメリカ本土の防衛軍を撃破しながら政府のあるワシントンDCを占領すれば勝ったことになりますね。僕はかつて陸軍の作戦参謀だった元軍人たちにこういう質問をぶつけたことがあります。日本があの戦争で勝つということは、アメリカ本土に攻め込むことまで想定していたのですかと。

確かにそういう声もあった、というんです。なかには、アメリカに上陸してサンフランシスコ市内を行進するんだと、威勢のいい意見をいう者もいた。けれど、それは一部の声に過ぎず、そんな大それたことができるわけがないから実際はそこまで突っ込んだ話はなかった、ということでした。まあ、ほとんど妄想のようなものです。

当時の指導者たちがアメリカに勝つという前提の下に、戦争終末点をどう考えていたのか。それを物語る文書が一つだけあります。昭和十六年十一月五日の御前会議で決定された「帝国国策遂行要領」で十二月一日までに外交交渉が成功しなければ開戦する方針が定められ、その十日後の十一月十五日、大本営政府連絡会議の場で「対米英蘭戦争終末促進ニ関スル腹案」という、二つの方針と七つの要領からなる文案が決裁されます。

内容はこういうことです。中国大陸では蔣介石政権の屈伏を促進しつつ、ドイツ・イタリアと提携してまずイギリスを屈伏させ、アメリカの継戦意思を喪失させる……。

要するに、アメリカと戦争を始めるけれど、日本の力でアメリカを屈伏させるとは書いてないんです。とりあえずは東南アジアのアメリカ・イギリスの根拠地をやっつけて長期不敗、自存自衛態勢を確立し、蔣介石政権を倒しつつ、イギリスについてはドイツとイタリアにおまかせだと。イギリスが屈伏すれば、同盟国のアメリカだってさすがに戦争を続ける意思を失って講和を求めてくるだろうというのが、戦争終結の見通しなんですね。

僕はこのことについて何度も書いたり話したりしてきたのでもう繰り返したくないんですが、この話を初めて聞くという方もいらっしゃるでしょうからあえて言います。これを「恐るべき楽観主義」といわずに、何をそういうのでしょうか。

自存自衛態勢の確立、イギリスの屈伏ということ自体がまず仮定、願望の類いの話です。そもそも自存自衛態勢とは具体的にどうなったときに確立することになるのか、どこにも定義されていませんし、イギリス屈伏に至っては他力本願もいいところです。それらの仮定が実現したときに、アメリカが降参するだろうというのもこれまた仮定の話です。何とも頼りのない見通しなんです。仮にイギリスが降参しても、アメリカが継戦したらどうするんでしょうか。いやはや、見通しというより、こうなってくれたらいいなあというレベルの官僚的作文といった方がいいかもしれません。

実はこの文案を東條から命じられて作成した、陸軍軍務課の高級課員だった石井秋穂さんという方に生前、何度もお話を伺ったんです。石井さんによれば、日本がアメリカに勝って戦争が終わる状況をあれこれ考えても具体的なイメージが出てこないと。それであのような願望に願望を重ねた文案を無理やりにひねり出して上司に上げたら、何の指摘も受けずにスルスルと陸軍大臣のところにまでいってそのまま大本営政府連絡会議で決定されてしまったというのです。石井さんご本人ですら驚いたというのですから。

このように極めてあいまいで、願望に願望を重ねた着地点を目指して日本はあのとき、戦争に踏み出していったんですね。

「勝つ」ことが排除したもの

でも、この「恐るべき楽観主義」というのは一面的な見方なのかもしれないとも思うのです。裏を返してみれば、日本の社会や組織というのは大勢が決まってある方向に回転しはじめると、それが危ないとか、本当にこれでいいのかということを政策決定するグループのなかで言えなくなってしまうということなのかなあと。

　あの戦争のときも、アメリカから輸出を止められ石油が入ってこない、このままだとジリ貧になるから、とにかく国力があるうちに早く開戦しようということになっていきました。でも、首相の東條はじめ陸海軍の首脳たちのなかで、本当にアメリカと戦争をして勝てると思っていた人はいなかったと思います。すでに対米英戦争に打って出ると決まってしまった以上、あとは戦争に「勝つ」としかいえなくなってしまったんですね。

　そうなるともう、途中からこれは勝てないよとか、戦局が悪化したときにこの辺で和平工作をやろうという意見は「敗北主義者」のレッテルを貼られ、徹底的に排除されちゃうんですね。天皇にも自信を持って聖戦完遂をしますと言ってしまったのだから、もう引き下がれないという心理的な面も多分にあったかと思います。

　でも、本当にこんな戦争を始めて大丈夫なのかと心配していたのは昭和天皇なんですね。杉山元という陸軍の参謀総長と天皇の間で交わされた有名な問答があります。「帝国国策遂行要領」を決めた御前会議の席で天皇が杉山に「日米開戦となったら、どれくらいで作戦を完遂する見込みか」と質問するのです。

　杉山が「太平洋方面は三ヵ月で終了する見込みです」と答えると、天皇は語気を強めて「お前は支那事変勃発当時の陸軍大臣である。事変は二ヵ月で片付くと言ったのに、四年たった今でも片付かぬではないか」と。ここからがふるっているのですが、「支那は奥地が広うございまして……」と杉山が言い訳めいた返答をしたので天皇はピシャリと言い放ちます。「支那の奥地が広いなら太平洋はもっと広いではないか。一体いかなる成算があって三ヵ月と申すのか」。

あの戦争と原発事故にあった「想定外」

天皇の不安通り、三ヵ月どころかズルズルと戦争は長期化し国力はガタガタ、イタリアやドイツも敗北して「対米英蘭戦争終末促進ニ関スル腹案」の戦争終末点が崩れ去っても、あと一戦あと一戦と、まるで下手な博打打ちのように「勝つ」までやるような戦争になってしまった。最後は本土決戦、一億総特攻でアメリカ軍を震え上がらせ、講和を有利に導いて「勝つ」んだと……。

それとどこか似たような構図を『カウントダウン・メルトダウン』を読んでいて感じたんです。

原子力総合防災訓練ではなぜ、電源が回復しなかった場合の住民避難訓練などやってこなかったのか。核テロ対策訓練でも、どうして放射線被ばく者が出た場合とか放射性物質がばらまかれたという想定をした訓練がなかったのか。そういった「最悪の事態」に備えて必要な機材を揃えたり、政府や電力会社が一体となって対応するシステムづくりをしておけば、もっと違った対処の仕方があったように思うのですが。

そうすることができなかったのは、原発が怖いものだということを政府や電力会社が一生懸命になって隠そう、隠そうとしてきたことにあったんですね。それは「日本の原発は安全です」と言い続けてきた以上、それを否定するような訓練、対策を排除するしかなかった。世界に冠たるロボット大国であるはずの日本が、原発災害に対応できるロボットを開発できなかった理由もそこにあったのかと。「安全」なのだからそんなもの必要ありませんということです。

どれだけ多くの人命を失おうとも「勝つ」ということのみにとらわれ、「アメリカが講和を求めてくる」こと以外の戦争終結手段を一切想定せず、あのような状態になるまで戦争を続けた当時の日本。「原発は安全」のために、電源喪失のような事態を想定外として排除してきた戦後の日本。そこには、何か通底するものがあるんじゃないかと感じるのは僕だけでしょうか。

ですから、当事者の方々にはそこで何があったのか、どうしてそうなってしまったのかをきちんと書き残して欲しいのです。なぜならあの戦争について、指導的立場にいた人が誰一人、まともな太平洋戦争史を書き残していないからなんです。

もちろん、個人ではいるんですよ。ただほとんどが細かな軍事に関する話に終始していて、組織が非常時にどう動いて、どんな問題点があったのかという視点で書かれたものが少ないんですね。戦争を指導した立場の人が書いた代表的なものに、服部卓四郎という参謀本部作戦課長だった人がまとめた『大東亜戦争全史』がありますが、これはもう現場がすべて悪かったという戦争指導した側の弁解の見本のような内容です。太平洋戦争を真に語っているとはとても思えません。

まともな当事者による記録がないことの背景には、負けた戦のことなど書くものではないという風潮があったのも事実です。特に日本人は、人のことを悪く言いたくないとか、失敗したことをあれこれ詮索することを嫌がるところがあるのでしょう。でもそれ以上に、歴史に対して虚心坦懐にのぞむ素養が、日本の政治・軍事指導者に欠けていたのではないでしょうか。

第二次世界大戦時のイギリスの指導者(首相)だったウィンストン・チャーチルは全部で六巻にもなる回顧録『第二次世界大戦』を書き残しています。チャーチルがこれを書いた主旨はとても明確なんですね。一つは、これは歴史書ではなく、後世の人に政策選択の参考にしてもらうために書いたという姿勢です。もう一つは、一切の弁解もせず、批判を受けることも構わないというものです。それで、様々な政治的な駆け引きも含めて洗いざらい書いています。

「ヒロシマ・ナガサキ・フクシマ」にさせないために

僕はチャーチルの回顧録を読んで、やはり文学や哲学、歴史の素養があるんだなあと思いました。自分たちの体験を失敗も含めて記録して後世に託すという姿勢がある国とない国では、やはり歴史からの鍛えられ方が違ってくるのではないでしょうか。

そういえば、少しばかり前にある外国のメディアの方から、「ヒロシマ・ナガサキ・フクシマ」という三つの〝被ばく〟都市について感想を聞かせてほしいという取材を受けました。彼らの取材の意図を聞いているうちに、僕のなかにそれは違うよという違和感がこみ上げてきたのです。

そもそも、ヒロシマとナガサキの〝被ばく〟とは太平洋戦争下、アメリカによる原子爆弾の投下によってもたらされたものですよね。フクシマは、あくまでも日本の、日本国内の、日本人自身による問題です。確かに放射線による被ばくを経験したという意味では共通しているし、メディアがそういう切り口を見つけて取材を始めるということもわかります。ただそれらを一緒にされたことに、妙な引っかかりを感じたのです。そうすることで、とても大事なことがぼかされてしまう……という恐れを。

それは、責任です。ヒロシマ、ナガサキには原爆を使用したアメリカに責任があり、フクシマにはこのような重大事故を引き起こした日本国内の責任問題があります。でも、この三つを同列に並べてしまうと、それぞれの責任の問題があいまいにされてしまうのです。

僕は、「ヒロシマ・ナガサキ・フクシマ」ではなく、むしろ「スリーマイル・チェルノブイリ・フクシマ」と、原子力発電そのものを認識する見方をとるべきではないだろうかと、その外国メディアの方にもお話ししました。

ですから僕は、「ヒロシマ・ナガサキ・フクシマ」というくくりかたをするのであれば、その取材にはお答えしたくありません、と。そうではなく、アメリカのスリーマイルや旧ソ連のチェルノブイリと比較しての話ならいいですよと伝えました。

ちなみにその外国メディアというのは、アメリカ人記者の方です。彼は僕の言いぶんを聞いて納得してくれた様子で、自分の理解の仕方が悪かったとおっしゃいました。でも、「アメリカやヨーロッパなどではそういう受け止め方をしている」のだそうです。僕がそれに対して「そういう言い方はトリックではないですか」と返したら、彼は「その意見を記事にして紹介したい」といっておられましたが。

福島の原発事故の問題も今後、後世にわたって記録が残されていくでしょう。でも、そこには決して「ヒロシマ・ナガサキ・フクシマ」というくくりで記してはならないし、そのようなくくり方で論じられないよう、私たちが意見していく必要があると思っています。

　こういう発想がすなわち、歴史に鍛えられるということではないのかなあと。別に僕が歴史に鍛えられていると自慢しているのではなくて、大きな自省をこめてそう言いたいのです。

　当事者が事態の本質を正確に理解し、記録してくれなかったのなら、我々がやるしかないんですね。だから僕も末席ながら、あの戦争は何だったのかという問いかけを生涯続けているのです。

第2章

「勝利」――快進撃に隠された組織の非合理

真珠湾攻撃、シンガポール作戦、比島作戦

二十六の戦闘と五つの戦局

さて、ここから具体的にあの戦争のなかで起こった個々の戦闘を、二十一世紀を生きる人々にも通じるような歴史的視点で捉えると、どういうことが浮かび上がってくるのかを考えていきたいと思います。

そもそも「戦争」について私たちは錯覚しがちなのですが、毎日朝から晩まで双方が弾の撃ち合いを行っているわけではないのです。戦争をすることになった国家と国家、最近では対テロ戦争のような国家と組織という構図も出てきていますが、双方の戦略的意思に基づいて行われる軍事的な衝突が「戦闘」です。その個々の戦闘が積み重ねられた結果、総合体が「戦争」なのです。

ですからあの太平洋戦争も、真珠湾攻撃に始まって太平洋を中心に行われた個々の戦闘の積み重ねによる結果なんですね。

そこで僕はあえて太平洋戦争において行われた個々の戦闘を二十六という数にしています。もちろんこれは戦史研究者によって異なる意見があるのですが、暫定的に、それぞれの局面のなかで象徴的なものを抜き出したと思ってもらえれば結構です。まず、それを一覧にしてみます。

1 真珠湾作戦★
2 マレー作戦
3 シンガポール作戦★
4 香港作戦
5 フィリピン(比島)作戦★
6 蘭印(インドネシア)作戦
7 ビルマ作戦
8 インド洋作戦
9 珊瑚海海戦
10 ミッドウェー作戦★
11 ガダルカナル島作戦★
12 ビルマ(フーコン〜アキャブ)作戦
13 ニューギニア作戦
14 アッツ島玉砕★
15 マキン、タラワの玉砕

16 インパール作戦
17 大陸打通作戦
18 あ号作戦★
19 サイパン玉砕★
20 台湾沖航空戦★
21 レイテ決戦★
22 ルソン決戦
23 硫黄島作戦
24 沖縄作戦★
25 広島・長崎への原爆投下
26 対ソ連戦

今回取り上げるのは、★印のついている戦闘です。

さらにこれらを、総体としての戦争がどう進捗していったのかという意味で五つに区切ってみることにします。

勝利（昭和十六年十二月～十七年　六月）
挫折（　　　十七年　六月～十八年　四月）
崩壊（　　　十八年　四月～十八年十二月）
解体（　　　十八年十二月～二十年　二月）
降伏（　　　二十年　二月～二十年　八月）

区切った年月とは、真珠湾攻撃、山本五十六の死、学徒出陣、米軍硫黄島上陸、そして終戦です。

あの戦争を振り返るとき、戦術がどうだったとか、あのときこうすればよかったというような軍事的、戦史的な視点にどうしても我々はこだわりがちです。でもここでは戦史は細かく見ません。それよりも、日本人が組織をつくり、戦争という非常時においてどのような意思決定や判断がなされるのかという視点に重点を置きながら、前述の五つの区分のなかから象徴的な戦闘を取り上げつつお話ししてみたいと思います。

「勝利」期の日本の戦略

では「勝利」の時期に行われた日本の戦闘をまず俯瞰してみたいと思います。日本が開戦と同時にどのような作戦を立てていたかというのは、天皇に上奏された「海軍作戦計画ノ大要」に象徴されているといっていいでしょう。それによると作戦の目的はこう記されています。

「帝国海軍ノ作戦目的ハ支那沿海及揚子江水域ノ制圧ヲ続行シツツ在東洋敵艦隊及航空兵力ヲ撃破スルト共ニ東亜ニ於ケル米国、英国及蘭国ノ主要ナル根拠地ヲ攻略シテ南方要域ヲ占領確保シ且敵艦隊ヲ撃滅シテ終極ニ於テ敵ノ戦意ヲ破摧スルニ在リ」

つまり、アジア地域に存在するアメリカ、イギリス、オランダの艦隊と航空兵力をやっつけて、石油などの資源地帯である南方地域一帯を占領し、彼らの戦意を最終的に失わせる、ということでした。

その目的の下に立てられたのが第一段作戦と呼ばれるものです。その作戦要領の概要を

見ると、

1　英領マレー及びフィリピンへの先制攻撃、陸軍兵団の上陸、航空基地の確保
2　陸軍主力によるフィリピン、英領マレーの攻略
3　グアム島、ウェーク島、香港、ボルネオ島の占領、セレベス、ビスマルク諸島、南部スマトラ及びモルッカ諸島、チモール島の要地占領
4　前項要地への航空基地整備、ジャワ島攻略
5　南部ビルマ航空基地占領、北部スマトラ攻略
6　開戦劈頭、機動部隊によるハワイ奇襲
7　中国・蔣介石政権を屈服させ、中国の米英勢力を掃滅

当時の報道でも「破竹の勢い」と形容されたように、西はハワイから東は中国大陸、そして南は東南アジア一帯となんとも広大な地域に日本軍は進撃していったんですね。

このような作戦を立てた大きな理由の一つに、「長期不敗態勢の確立」ということがあります。つまり、東南アジアから欧米勢力を追い出して石油やアルミの原料となるボーキサイトを得られれば、資源のない日本でも戦争を続けることができるんだと。その長期不

敗態勢が確立できれば、蔣介石やルーズベルトだって途中で音を上げるだろう、という目論みがあったのです。

ただ、当時の指導者たちがどこまで本気でそれを考えていたのかというと、これがはなはだ疑問なんですね。

当時の様々な資料を読んでいくとわかるのですが、アメリカと戦争すれば国力差から長引けば長引くほど日本に不利な状況になることは、彼らも認識していたのです。

開戦前に議論となった「ジリ貧」論というのもそうなんですね。ロンドン軍縮会議から日本が脱退して昭和十一年（一九三六）にワシントン海軍軍縮条約が失効すると、建艦競争に入ります。でも軍艦の建造能力にしたってすぐにアメリカに追い抜かれることは試算すればわかることで、アメリカに石油の輸出をストップされれば今度は戦争を早く始めないと、時間がたてばたつほど日本が劣勢になるという見通しが出てきます。

ですから長期不敗態勢なるものは、緻密な計算から導きだされたというより、むしろ焦燥感にかられるなかで無理やりに考え出されたという性格が強いものだったと解釈すべきではないでしょうか。

真珠湾攻撃の「目的」と「手段」の関係

そこに、日本海軍の伝統から見ても異色の作戦として浮上したのが真珠湾攻撃です。もちろん、その発案者は時の連合艦隊司令長官、山本五十六その人ですね。

日本海軍がアメリカを仮想敵国に位置づけるのは日露戦争のあとです。当然ながら海軍はアメリカと戦争になった場合のことを考えて戦略をたてますが、昭和十年代の構想はグアム島やフィリピンのルソン島を攻略して航空基地をつくり、アメリカ本土やハワイから来攻してくるアメリカ太平洋艦隊をまず航空機や潜水艦ですり減らし（漸減）、弱ったところに日本近海で連合艦隊をぶつけて決戦、撃滅するという、いわゆる漸減邀撃《ようげき》作戦と呼ばれるものでした。

太平洋戦争の海戦がどういうものだったかご存知の方には釈迦に説法ですけど、ご存知ない方のために付け加えると、艦隊と艦隊が砲弾を撃ち合って勝敗が決まるという日本海海戦のような艦隊決戦はほとんど起こりませんでした。

海の戦いは、航空母艦を中心にした機動部隊同士が互いに見えないほど離れた場所から航空機を発進させ、航空機による魚雷や爆弾で相手の艦船を沈めるという、航空兵力の優劣によって勝敗が決するかたちになったのです。つまり漸減邀撃作戦というのは、日露戦争のときの発想で組み立てられたものだったというわけです。

山本五十六という軍人は大正、昭和にかけて二度、アメリカ生活を経験しているので知米派として知られますが、そこで航空機の重要性を見抜いた人でもあります。彼には、航空こそが日本海軍の劣勢を補えるという強い確信があったんですね。アメリカから帰国してからは海軍航空本部勤務として航空畑を歩み、まだまだ弱小だった海軍航空力の充実に心血を注いでいきます。

ですから山本の、ハワイに常駐するアメリカ太平洋艦隊を機動部隊で叩くという発想の裏には、夢物語のような作戦が航空機の発達によって可能になったということが大きいんですね。

彼が公式に真珠湾攻撃というプランを明かしたのは、昭和十六年初頭のことだったとされています。ところが軍令部は猛反対。虎の子の空母群を失うリスクが高すぎる、冬の北太平洋は荒れるから洋上補給が難しい、などなど……。でも山本の強い信念でプランは具現化され、軍令部総長も「山本がそこまでいうのだからやらせてみよう」とお墨付きを与えることになります。

ただここで忘れてはいけないことがあります。それは、山本が近衛文麿に言った有名なせりふ「半年や一年は存分に暴れてごらんにいれましょう」の通り、彼自身、アメリカと長期間の戦争をすることは無謀だと考えていたという点です。つまり、山本は短期決戦、早期講和というビジョンのもとに真珠湾攻撃を発想していたということです。

徹底されなかった真珠湾攻撃の目的

僕はそのあたりのことが、実はとても重要な話なのではないかと思っているのです。

例えば軍令部の作戦課長だった富岡定俊などは、まず南方の石油資源を押さえることが最重要で、艦隊決戦は二年ぐらい戦力を充実させてからにすべきだという考えでした。これは、長期不敗態勢に近い発想ですね。

つまり、長期不敗態勢の確立を第一義とする大目的においての真珠湾攻撃なのか、それとも山本が唱える短期決戦に位置づけられた真珠湾攻撃なのかが、上の海軍軍令部から連合艦隊司令部、そして艦隊を指揮する司令官の間で統一されないまま進んでいってしまったところがあったのではないかと。真珠湾攻撃は戦略目的を達成するための手段の一つのはずであったのに、目的がどちらかきっちり定められないまま、手段としての位置づけもどこかあいまいになってしまった、という感を強くするのです。

戦史的にも、真珠湾攻撃は確かにアメリカ太平洋艦隊の戦艦、巡洋艦、駆逐艦を数多く沈めて、戦果としては「大戦果」を挙げたことになっています。でも、どうしてハワイの地上基地を再起不能にさせるまで徹底的に破壊しなかったのかとか、二隻の空母が真珠湾にいなくて撃ち漏らしたのに、なぜ追っかけてやっつけなかったのか、という話が繰り返しこれまで論じられてきました。

僕は、それを軍事マニア的な戦術論として捉えるのではなく、真珠湾攻撃の「目的」が何なのかが作戦指導者間で徹底されなかったところに、日本側のある種の弱さがあったのではないかと思うのです。つまり目的をはっきりさせ、真珠湾作戦はそのなかでどういう意味を持つ手段なのかが定義しきれなかったという背景があったのではないか。そこに、歴史としてあの作戦の功罪を考える視点があるのではないでしょうか。

機動部隊を率いた南雲忠一中将が艦船を損失するリスクに臆病になっていて、航空戦も得意ではなかったとか、もちろんそういう見方もわかるんですけれど、それだけではなかったのではないか。山本だって機動部隊が半分になってもいいから基地や空母を叩けとは言わなかったでしょうし、現場の南雲にしても深追いして機動部隊が危険にさらされるリスクよりも無事に帰投することが最善の策と考えたのも無理はないように思います。

太平洋戦争を眺めていくと、目的があいまいなまま作戦が立てられ、散漫な結果に至るという事例が多いんですね。後半になるにつれてその度合いはどんどん酷くなっていくのですが、緒戦中の緒戦だった真珠湾攻撃にもすでにその端緒があった、ということも忘れてはならないことなんです。

マレー上陸と「からゆきさん」

「勝利」期の緒戦のなかでも華々しく伝えられたのが、シンガポール陥落でした。シンガポールはマレー半島の南端にある小さな島です。今は高層ビルが林立する都市国家、世界的な金融センターとして有名ですが、当時は「東洋のジブラルタル」の異名を持つ天然の要塞、大英帝国によるアジア植民地支配の一大拠点でした。

「海の真珠湾、陸のシンガポール」が、海軍軍令部と陸軍参謀本部に詰める幕僚たちの合い言葉だったそうです。つまり、冒険的な真珠湾攻撃に匹敵するのが、陸軍にとっては十一万の英軍に守られ「難攻不落」と称された、イギリスが誇る東洋の拠点シンガポールへの軍事的な挑戦だったんですね。

このシンガポール攻略は「マレー作戦」と呼ばれ、海軍の真珠湾攻撃と同時に進められました。

余談になりますが、このマレー作戦に従事した日本兵の証言のなかに、現地で「からゆきさん」と会ったという話があるんです。からゆきさんというのは、欧米列強の植民地化にあった東南アジア各地に男所帯の兵士が駐屯していて、そこの娼館で働くべく海を渡っていった日本の女性たちなんですね。

大正九年（一九二〇）に政府が廃娼令というのを出して海外の娼館もなくなりますが、なかには現地にそのまま残った女性たちもいたそうです。

マレーに上陸した日本兵が進軍して町に入って行くと、しわくちゃのお婆さんが嬉しそうに近づいてきて「ワタシ、ニホンジン」などと声をかけてくる。現地語とチャンポンの日本語でいつごろ日本から渡ってきて、こうして暮らしているというような話をしたからわかったんでしょうね。当時の日本兵によれば、マレー半島のようなこんな遠いところに日本人がいたのかと驚いた、ということです。

マレー作戦部隊が目指していたシンガポールは支配階級であるイギリス人の下で中国人やインド人が商業を取り仕切っているところで、上流階級に日本人など入れないような世界でした。だから、そんなからゆきさんと出会って、アジア人が西洋人にこのように使われている世界はおかしいのではないか……。そんな正義感や使命感を抱いた兵士たちが少なくなかったということも、記憶に留めておきたい事実ではあります。

それは置いておいて、本論に戻りましょう。このマレー作戦は「マレーの虎」の異名をとることになる山下奉文陸軍中将率いる第二十五軍精鋭の三個師団があてがわれ、戦艦や巡洋艦が護送する三十隻以上の大輸送船団で海南島から南下。マレー半島北部のシンゴラ、パタニー、コタバルの三地点から続々と上陸を開始します。

開戦から四ヵ月後の陸軍記念日、三月十日までにシンガポールを攻め落とすと陸軍は天皇に上奏していましたから、何が何でもそれまでにやるぞと士気は旺盛そのもの。上陸から一週間で北部の主要都市を制圧し、この勢いなら陸軍記念日どころか一ヵ月前倒しの紀元節（二月十一日）でもいけるとはしゃいだのが、作戦参謀の辻政信でした。

彼は我が強くて作戦指導でもよく独断専行するようなところがある、毀誉褒貶《きよほうへん》相半ばする人物として知られます。タイで終戦を迎え、それから十年近くも中国に潜伏するなどして帰国するのです。その顛末を『潜行三千里』として著すとそれがベストセラーになりまして、一躍時の人に返り咲いたと思ったら参議院議員に当選します。そして議員在職中の昭和三十六年、視察と称してラオスに渡ったまま行方不明になるという、謎の多い人なんです。彼についてはこの後また登場しますので、ここではこのくらいに。

「イエスかノーか」は恫喝だったか

上陸部隊は次々に敵の防衛戦を突破してマレー半島を南下し、ジョホール水道を挟んでシンガポールとは目と鼻の先のジョホールバルに入ったのは一月三十一日。同島中央部にある要衝ブキテマ高地の争奪で日英両軍の戦闘が続いた二月十五日、ついに英軍総司令官アーサー・パーシバル中将が降伏したんですね。

　このときの有名な映像に、会見場でパーシバル一行を前にした山下がテーブルをドンドン叩きながら降伏を迫るシーンがあって、たびたびテレビでも記録映像として流れますからご記憶の方も多いかと思います。山下は恰幅がよくて存在感があり、堂々としていますからなおさらそう見えます。当時の新聞報道でも、山下は「降伏するのかしないのか、イエスかノーで答えよ」と迫ったと伝えられ、逸話として残ったんですね。

　ところが、実際はそうではなかったのです。山下本人は終戦後のマニラ戦犯法廷で処刑されてしまいますが、パーシバルとの会見に同席した軍人に僕は詳しく話を聞いたことがあります。杉田一次さんという情報参謀で、このときは山下の隣にいて通訳を担当していました。

　彼の証言によると、最初は台湾大学の英語教師に通訳をまかせたそうですが、英語は理解できても軍事の専門用語を知らないのでなかなか話が進まず、アメリカとイギリスに駐在経験のあった杉田氏がやることになったそうです。彼にいわせると、山下が高圧的に「イエスかノーか」と迫ったというのは、かなり誇張されていると。

　実際は、山下が降伏するのかどうかを聞いても、パーシバルはそれに答えず、シンガポール市内に千五百名の英軍兵士を治安維持のために残したいからそれが可能かどうかばかりを聞いてくる。山下もイライラしはじめて、そんなことは自分たちがやるから、とにかく降伏を受け入れるのか受け入れないのか、それをイエスかノーかではっきり言ってほしい、とかなり穏やかに伝えたというのが本当なんだと。降伏か否か、どちらなのかお答えください、とパーシバルに言ったつもりだった(笑)とのことでした。するとパーシバルは観念したように小声で「イエス」と言ったそうですが。

ですから、あの「イエスかノーか」というエピソードというのは、当時の戦勝報道の過程でプロパガンダ的に脚色されたものだったということがいえるかと思います。東洋を我が物顔で支配してきたイギリス人を、我が山下将軍がギャフンといわせてやった、とでもいうような。

山下自身もそのことをかなり気にしていたようで、終戦後のマニラでの裁判中、日本人記者に「巷間流布している説は嘘である。私は決して威圧的だったり、恫喝するようなことはしていない。これは何としても正してほしい」と話しています。

まだこのころは緒戦で余裕もあったから、シンガポールのイギリス軍を降伏させる過程を見ても、きちんと国際的なルールを意識して、礼節をもって相手に接していたのは事実だと思います。もちろんパーシバルにしてみたら屈辱を感じたでしょうし、その汚名をすすがせてやろうというマッカーサーの計らいで昭和二十年九月二日、日本が降伏文書に調印したミズーリ号の甲板にわざわざパーシバルを立たせたんですね。でも、シンガポール陥落までの過程について、イギリス側から日本軍の対応に批判めいた話はあまり出てきていないのです。

格調高かった降伏勧告文

降伏の四日前にイギリス軍陣地に空からばらまいた降伏勧告文というのがありまして、どういう内容かといいますと、

「大日本軍司令官は、日本武士道精神に基き、ここに在馬来英軍司令官に対する降伏を勧告するの光栄を有す。

貴軍が英国の伝統的精神に基き、孤立克くシンガポールを守備し、勇戦以て英軍の栄誉を高らしめつつあるに対して、予は衷心より敬意を表するものなり」

降伏する側の立場や名誉をかなりおもんぱかった、格調高い文面じゃないでしょうか。これ以上戦闘を続けてもいたずらに死者を増やすだけで英軍の名誉を増すものとは思われませんよ、と勧告文は続きます。

この勧告文、実はさっきの杉田参謀が考えたものなんですね。彼によると、陸軍士官学校や陸軍大学時代に、外国の軍隊を降伏させるときにどう呼びかければいいのかなんて習ったことがない。そこで彼が参考にしたのは何だったかわかりますか。なんと、赤穂浪士だったそうです(笑)。

もちろん「忠臣蔵」の世界ですが、赤穂藩の主君、浅野内匠頭が江戸城で刃傷沙汰を起こし、幕府のご沙汰が赤穂藩に伝えられます。主君である浅野だけが切腹を命じられ、藩もお取り潰しという裁定に、藩内は幕府の不公平な方針に徹底して抗戦、籠城すべしという勢力と、民のこともあるからここは涙を飲んで受け入れようという勢力に割れて紛糾するんですね。筆頭家老だった大石内蔵助は悩んだ末に、幕府の沙汰を受け入れるという場面です。杉田さんはきっと、英軍のパーシバルを大石内蔵助になぞらえたんでしょうね。

政治や軍事の世界では、個人の体験から回答が導き出せないような事態に直面することがあります。そういうとき、リーダーがどれだけ歴史的な知識を持っているか。歴史から教えを乞うことができるか。原発事故への対応の際にも、そういう知性が政治指導者たちにきっと、問われたはずなんですが……。

「二月十五日英帝国東亜侵略の牙城シンガポールは遂に陥落した。死闘猛攻七日間、世界の環視をこの一点に凝縮したシ島攻防戦はいまや英軍降伏し、わが日章旗は南国の空高く燦として翻り、大東亜海はわが制圧下に帰したのである……」

シンガポール陥落はラジオでこのように喧伝されました。日本じゅうが歓喜の渦につつまれ、各地で提灯や旗を持った祝いの行列が繰り広げられたんですね。

「歴史的意思」なき思考の限界

僕の意見ですが、山下奉文や先ほどの杉田氏にはある種の「歴史的意思」があったと思うのです。それは、自分たちが今行っていることが後世、どのように日本人や世界から受け取られるのか、そしてそのことが後世の日本人にどんな影響をもたらすのか、という意識です。だから杉田さんは、単に「降伏せよ、さもなくば死ぬ」とすればいい降伏勧告に頭を悩ませ、山下も、イエスかノーかと恫喝したなどということを正してくれと、自身の処刑を覚悟する身で訴えたのではないか。

彼らにはシンガポールを日本軍が攻め落とすということの歴史的な重さが、よくわかっていたのだと思うのです。

ところが一方で、とても残念な事実があります。それは華僑の処刑(虐殺とも)事件です。

戦後の昭和三十四年ごろに大量の人骨が現地で出てきてわかったことですが、日中戦争もあって華僑の反日感情は強く、シンガポールでも華僑青年らが中心にかなり抵抗します。それに手を焼いた日本軍は彼らを抗日分子として入手した名簿などをもとに拘束し、その多くを処刑してしまったんですね。

戦後シンガポールで開かれた戦犯法廷にも虐殺に関わった日本軍関係者らの供述が残っていて、日本側の記録によるとその数は約六千名、華僑側はもっと多かったと主張していて、正確な数はよくわかっていません。

杉田氏にいわせると、そんなことが行われていたことすら知らなかったとのことでした。つまり、市内の治安維持をまかされていた一部の参謀が独断でやったことのようなんですね。その一部の参謀というのが先ほどの辻政信だとする証言も多いのですが、真相は藪の中です。

シンガポールの戦争記念公園には今、百二十メートルの高さの「日本占領時期死難人民紀念碑」が建っています。昭和四十年代に入ってつくられたものですが、シンガポール作戦に関わった元将兵らはそれを見てみんな愕然とするんです。

僕は何もあの戦争は正しかったなんていうつもりはないけれど、シンガポールに従軍した人たちのなかには植民地支配し続けてきた欧米人をその拠点から叩きだしたという誇りがあったんですね。ところがそんな虐殺事件を一方でやっていたとすれば、感謝されることもなければ誇ることとすらできない……。

このことを我々日本人は、歴史の教訓としなくてはいけません。シンガポールの英軍を降伏させたということに山下や杉田が「歴史的意思」を持っていたように、それはもっと、後世に歴史的な意味を持ち得たかもしれません。ところが、その場しのぎで面倒くさいからみんな殺してしまえという、一部の参謀の思慮なき行為がそれをプラスマイナスゼロにしてしまったのです。

南京事件にしても、他の占領地行政にしてもそうなんですが、いたずらに現地の反日感情を高めるような、思慮の浅い行為が多すぎたんです。それは当時の日本人の思考の限界というべきか、それとも「陸軍参謀的思考」の限界というべきなのか……。

東亜解放の理想はいいけれど、実態がともなわずに戦後もなお歴史的な禍根を残してしまったあの戦争の矛盾の端緒が、早くも緒戦のシンガポールで出現していたということも、私たちは日本人として記憶しておく必要があります。

比島作戦をめぐる対立

「勝利」期のなかの戦闘で最後に取り上げたいのは比島作戦（フィリピン攻略作戦）です。

そのころのフィリピンは五年後に独立をひかえたアメリカの植民地でした。兵力はアメリカ極東軍とフィリピン軍あわせて八万人。ちなみに開戦時の極東軍司令官はマッカーサーですね。彼は最年少で陸軍参謀総長を経験した後いったん退役しまして、フィリピン政府の軍事顧問をやっていたんです。でも日米間に暗雲が漂いはじめた昭和十六年夏、ルーズベルト大統領からの要請で軍役復帰し、極東軍司令官になっていたのです。

対して日本軍は本間雅晴司令官率いる第十四軍、当初の兵力は三万人ちょっとの二個師団でした。

史実から言えば、大がかりな航空攻撃で制空権を握ってから十二月下旬に上陸してきた日本軍の猛攻に、マッカーサー率いる米・フィリピン軍はルソン島マニラ湾の西に突き出すバターン半島にろう城を強いられました。数ヵ月に及ぶ戦闘の末、バターン南端のコレヒドール島からマッカーサーが脱出し、士気の落ちた約八万の米・フィリピン軍は四月九日に降伏となりました。

どうしても緒戦は勝った勝ったの勝ち戦でしたから、結果オーライということでそのプロセスについて論じられることがあまりないんですね。でもこのフィリピン作戦にも、特殊な事例だということで片付けられない、日本的な病理のようなものが潜んでいたのではないかと僕は思っています。

実はこのフィリピン作戦が実施される前に、方針をめぐって大本営と現地軍司令官との間に亀裂が生じていたんです。大本営というのは戦時に設置される陸海軍首脳による最高位の統帥機関で、陸軍の参謀本部、海軍の軍令部が天皇の幕僚となって作戦などを決めていきます。

開戦前の十一月十日、杉山元《はじめ》陸軍参謀総長が南方作戦を担う現地司令官らを集めてそれぞれの任務を説明する機会があったんですね。呼ばれたのは蘭印作戦担当の第十六軍司令官今村均、マレー作戦の第二十五軍司令官山下奉文、そしてフィリピン作戦の第十四軍司令官本間雅晴の三名です。

聞き入れられない合理的な意見

このとき杉山は本間に、フィリピン作戦の任務は五十日以内に首都マニラを攻略することだと伝えます。これに対して、二個師団で五十日以内にマニラを攻略しろというが、敵である米比軍の兵力をきちんと見積もったうえでの作戦なのか、敵情を知らなければそんな作戦は立てられないのではないかと、本間だけが疑問を述べたんですね。軍人にとっては司令官に任命されること自体が最大級の名誉ですから普通、こういうときは黙って受け入れるもので、本間の態度は異例です。杉山参謀総長もかなりムッとして険悪な空気が流れ、今村が間に入って事なきをえたんです。

でも、本間が口にした疑問というのは極めて合理的で、二個師団約三万名の部下の命を預かる立場としては当然ともいえるでしょう。そもそもこの作戦には第十四軍の参謀からも、作戦の戦略目標が不明確だという指摘があがっていたほどです。

つまり、作戦の主たる目的が、マニラを制圧することにあるのか、それとも米比軍（米軍と現地フィリピン軍）の撃滅なのかという問題があったんですね。単にマニラを占領するというのならともかく、米比軍撃滅ということになればフィリピンの島々にいる敵をしらみつぶしにやっつけろという意味ですからとても二個師団では無理な話です。

マニラ制圧にしても、バターン半島に米軍がろう城する可能性はすでに指摘されていて、もしそうなればやはり二個師団では厳しいだろうと。そういった意見を踏まえたうえでの、本間の意見具申だったわけです。

参謀本部がよこした回答は、作戦の目的はマニラの占領であるというものでした。

大本営作戦課というのは天皇に直結する統帥権の具現者で、当時の軍にとっては神様のような存在です。実動部隊の将兵にとって大本営が立てた作戦は文字通り神の命令で、それに背くなどということはできる話じゃありません。

でも案の定というべきか、米比軍主力はバターンにこもり、それを撃滅しないとマニラの占領も安定しないということになって結局、兵力を投入するのですが、失敗します。本間が攻撃中断を決意すると、今度は大本営から何をモタモタやっているのだ、天皇陛下もフィリピン戦線の状況を心配しているぞと叱責めいた電報が送られてきて、さすがの本間も涙を流したそうです。

大本営はフィリピンなんて訓練もろくにしていない寄せ集めの現地人部隊だとタカをくっていたんですね。それにバターンにろう城されると二個師団では難しいという指摘を無視してマニラ占領を目標に掲げたのも大本営です。

その後増援が行われて日本はバターンの米比軍を降伏させましたが、本間は指揮官としての手法に問題があったとして予備役に編入され、参謀長も更迭されてしまうんですね。

大本営が敵の兵力など現地の状況を無視して作戦を立て、その結果大変な犠牲が出るというようなことが太平洋戦争の中盤から後半にかけて立て続けに起こってきます。実はその萌芽ともいうべきことが、こんな緒戦でもすでに現出していたということは明記しておく必要があるんじゃないでしょうか。それは戦局が不利になったことによるやむを得ない出来事だったのではなく、日本の組織が抱え込んでいた弱点だったとも考えられるわけでしょうから。

軍中央から排除される「旧制中学」出身者

この点について、僕にはもう少しだけ言いたいことがあります。それは、当時の陸軍という官僚組織に強固な「生え抜き」優先志向があったということなんですね。

本間雅晴は佐渡の旧制中学を出て陸軍士官学校（十九期）、陸軍大学校を卒業しています。イギリスやインドへの駐在が長く、英語はかなり堪能だったといわれます。歩兵連隊長、歩兵旅団長や参謀本部第二部長を務め、台湾軍司令官からこの第十四軍司令官に任命されたんですね。

彼は陸軍内で「文人将軍」とあだ名されていました。どうしてかというと、昭和三年作曲のこんな歌があります。

朝日に匂う桜花　春や霞める大八洲
紅葉色映え菊香る　秋空高くふじの山
昔ながらの御柱と　立ててぞ仰ぐ神の国

「朝日に匂う桜花」という軍歌ですね。実はこの歌、歌詞は本間がつくったのです。軍が歌詞を募集して本間の作品が入選したんですね。彼は詩歌が得意で、他に「台湾派遣軍の歌」なども作詞しています。

もう一つ、本間が軍内で有名だったのは最初の奥さんの存在です。高名な軍人の娘だったのですが、当時モボ、モガなどといわれたような典型的なモダンガールで、作家の永井荷風とも浮き名をながすほどの、軍人の妻のイメージを超えた女性だったんです。

文人気質な本人に加えて奥さんまでがそんなですから、軍人らしからぬという目で見られ、「腰ぬけ将軍」「西洋かぶれ」とまで陰口を叩かれる始末でした。

でも参謀本部の立てた作戦に文句をつけたさっきの話のように、その考え方は極めて合理的で、良識のある人物です。

これはあまり知られていない話なんですが、本間の陸軍士官学校十九期というのは全員が旧制中学卒業者だった珍しい期なんです。

当時の陸軍の教育システムに、幼年学校というのがありました。将来のエリート士官養成を目的としてフランスやドイツの例を参考に設立され、十三歳前後の高等小学校か、旧制中学一年生の修了者に受験させるものです。まさに「軍人の卵」としていわば純粋培養され、陸軍士官学校へと上がっていくんですね。

陸軍士官学校には旧制中学出身者も受験してきますが幼年学校出身者の方が比率は大き

くて、さらにその上の陸大になると、昭和の初めごろだと幼年学校出身者が九割を占めるほどでした。つまり、陸軍省や参謀本部勤務のエリートコースに入るには幼年学校から入っておかないと不利になるようなシステムができあがっていたのです。

本間の同期に陸軍大将だった今村均がいます。彼は陸大でトップの成績を修めた軍刀組の一人でしたが、太平洋戦争ではジャワ島攻略の第一六軍司令官に任ぜられ、現地に赴きます。他の占領地に比べると現地の実情に配慮したかなり寛容な軍政を敷いたことで知られ、終戦後オランダの戦犯裁判で無罪になって日本に戻されようとしたときに、自分からマッカーサーに申し出て部下が収容されているニューギニアの刑務所に入った逸話もまた有名です。

彼も本間と同様、軍人らしからぬ良識あるタイプです。僕の理解では、彼らが軍人になりきれなかったのは自由な校風の旧制中学の空気を知っていたからなんじゃないかと思います。人間形成で大事な少年期からゴリゴリの軍人教育を叩き込まれる幼年学校出と、旧制中学出では自分の頭で考える度合いがやはり違ったのではないかと。本間がフィリピン攻略の戦略目標が不明確だと杉山参謀総長に食ってかかるというのも、幼年学校出だったら決してありえない行動なんです。

幼年学校出身という「生え抜き」がその主流を占め、陸軍省や参謀本部の中枢を握るというのが昭和陸軍という組織だったんですね。確かにそれはそれで結束が固くなるとかメリットもあったんでしょうけれど、同じような思考回路を持つ人間ばかりが集まって戦略や作戦を立ててしまうというデメリットの方がはるかに大きかったといわざるをえません。

このように、平時のときには見えなかった組織のほころびが緒戦の勝利の陰で少しずつ出てきていたんです。それは「勝利」の次の「挫折」期において、はっきりと正体を現すことになっていくのです。

第3章

「挫折」

――組織のメンツが生む隠ぺいと愚劣な作戦

ミッドウェー作戦、ガダルカナル争奪戦

不可解な戦争指導

お話ししてきた緒戦での予想以上の大勝利に、国民以上に酔っていたのが陸海軍の首脳たちでした。なにしろアメリカ太平洋艦隊の主力、イギリス極東海軍をやっつけて西はインド洋、東は中部太平洋まで制海権を確保し、東南アジアのほぼ全域を手中におさめることができたんですから。

特に海軍内は積極的で、アメリカのカリフォルニア一帯の油田地帯を占領するのだとか、そこに航空隊を送ってアメリカ各地の軍事基地を攻撃するなどという、妄想のようなプランまで飛び出しています。

さすがにそれは無謀だということになりますが、アメリカの戦意を失わせて講和を言い出すように仕向け、同時に日本の長期不敗態勢を確立するという目標のもと、第二段作戦を計画するのです。

ここでまず、知っておいていただきたいことがあります。昭和十六年十二月の開戦から始まった第一段作戦の目鼻がついたころ、昭和十七年三月七日に大本営政府連絡会議で決定された「今後採ルヘキ戦争指導ノ大綱」というものがあります。これは政府・大本営が今後、どういう戦争指導をするかという大方針を定めたものです。ここにはまず、こう書かれています。

「英ヲ屈服シ米ノ戦意ヲ喪失セシムル為　引続キ既得ノ戦果ヲ拡充シテ長期不敗ノ政戦略態勢ヲ整ヘツツ　機ヲ見テ積極的ノ方策ヲ講ス」

これを読んで、意味がすぐわかる人は立派に大本営で働けますね(笑)。僕には何が言いたいのかチンプンカンプンでさっぱりわからない。だって、長期不敗態勢というのは緒戦で押さえた東南アジア地帯を守ってアメリカとの長期戦に備えるというディフェンスの意味ですよね。なのに、「既得ノ戦果ヲ拡充」とか「機ヲ見テ積極的ノ方策ヲ講ス」は、戦線を拡大していこうという意味です。守りに入るのかもっと攻めようというのか、どちらも並行してやっていくのか、なんとも曖昧模糊《あいまいもこ》とした内容なんです。

矛盾を糊塗した第二段作戦

種明かしを僕なりにしてみれば、そもそもアメリカが講和を持ちかけてきて日本が勝つという当時の〝戦略目標〟に基づいた、そこに至らせるための具体的なプランなんてものはなかったのです。でも緒戦があまりにもうまく展開してしまい、さあ次はどうしようかということになって陸軍と海軍の思惑の違いが表面化したんですね。

冒頭で話したように、海軍は積極的に打って出てアメリカ太平洋艦隊をやっつけてしまいたいと。でも陸軍にしてみたら、中国大陸に対ソ連、対中国のための部隊を張りつけながらさらに東南アジア一帯に兵を送っているので、もうこれ以上広げたくないということです。それで陸海双方の主張を「官僚的作文」で落とし込んだのが先の文章なのです。

これにはさすがの東條英機ですら「意味が通らない」と意見したほどです。結局、陸軍は海軍に、海軍は陸軍に配慮するというお役所的な判断で意味不明な戦争指導方針ができ上がった、というわけです。

僕はここに、今なお議論の的となる日本の官僚システムの問題の根っこがあるように思います。もちろんそれにはいいところだってあるわけですが、平時にはあまりその悪い部分が目立たないのでしょう。ところが戦争という非常時になって、日本の官僚システムの悪いところが次々に表面化するようになったのです。そのことが象徴的に現れたのが、「勝利」の後の「挫折」という期間じゃないかと僕は考えています。

もちろん、官僚主義の問題というのは何も日本に限ったことではないでしょう。官庁のような大きな組織が縦割りになっていれば、相互の情報が共有されにくくなり、組織内の論理が優先されて縄張り争いのようなことも起こります。でも戦争という国家の一大事のなかにそれが持ち込まれ、それぞれのメンツで作戦が立てられ、果てには重大な情報が隠されて伝わらないとしたら……。そんな恐ろしい話が本当に起こってしまったのがあの太平洋戦争だったのです。

積極策として生まれたミッドウェー作戦

さて、緒戦のあとの第二段作戦についての話に戻りましょう。

その一つとして立案されたのがＭＯ作戦（モレスビー作戦）と呼ばれる作戦でした。海軍としてはオーストラリアが連合軍の拠点となって反転攻勢されることを恐れていて、それを防ぐにはアメリカとオーストラリアの海上交通路を遮断しまうことが先決だと。そのために、ニューギニアとオーストラリア、ソロモン諸島などに囲まれている珊瑚海の制空権を確保すべく実行されたのがこの作戦です。連合軍の基地があったニューギニアのポートモレスビーを攻略するという意味でつけられた名前です。

ところがこの作戦、アメリカに情報が筒抜けになっていたんです。僕は「勝利」の次の「挫折」という期間をミッドウェー海戦の敗北（昭和十七年六月）から山本五十六連合艦隊司令長官の死（昭和十八年四月）までの十一ヵ月としていますが、この二つの出来事はどちらもアメリカに事前に情報を抜かれたことに端を発する出来事なんですね。

このモレスビー作戦の流れで歴史上、初めて空母同士の戦いとなった珊瑚海海戦（昭和十七年五月）などが起こります。この海戦は日本側が軽空母一隻を沈められたかわりにアメリカの正規空母一隻を撃沈して戦術的には日本が勝ったのですが、結果的にはMO作戦が中止に追い込まれたので戦略的にはアメリカが勝ったといわれています。

この東部ニューギニアをめぐる戦いも、「地獄のニューギニア」と形容されたように悲惨な戦場でした。ここに送られた将兵は途中で海没した部隊も含めればおよそ十六万人、そのうち生還できたのはたったの一万人余りという数字もさることながら、海側から攻めるのが無理だからと峻険なオーエンスタンレー山系を徒歩で超えてポートモレスビーを攻略するという、これまた無謀なる作戦が強行されるなどして多くの将兵の命が失われたことでも知られています。

一方で、独自の積極攻勢策を打ち出したのが連合艦隊司令長官の山本五十六でした。これは真珠湾攻撃と同じ発想によるもので、その際に撃ち漏らしたアメリカ太平洋艦隊になるべく早く決戦を挑んで撃滅すべきだ、短期決戦でアメリカを叩かなければ日本の勝利はない、という考えからきています。彼のプランではもう一度ハワイを叩きたくて、そのための前段としてミッドウェーを攻略し、アメリカの空母がそれを奪還しに出てきたところを一挙に葬り去る、というものだったんです。

ところがそこに起こったのがアメリカのドゥーリトル隊による東京空襲（昭和十七年四月十八日）でした。「帝都爆撃」という事態に軍人たちは恐懼します。でも逆にこれが山本に幸いしたといいますか、海軍の作戦案に消極的だった陸軍参謀本部もこの空襲を重く受け止め、山本の主張するＡＬ作戦（ミッドウェー・アリューシャン作戦）に同意するのです。

判断ミスで空母四隻喪失

昭和十七年六月に戦われたミッドウェー海戦については、もういろいろな書が出ていますから詳しくはここでいいませんが、知らない方のために簡単に解説するにとどめます。

空母四隻を基幹とする、南雲忠一司令官率いる機動部隊から出撃した百機を超える空襲隊がミッドウェー島を襲ったのは六月五日未明のこと。これはうまくいったのですが、南雲機動部隊はアメリカの偵察機に発見されてしまいます。

空母三隻を擁する米機動部隊の司令官、レイモンド・スプルーアンス提督はここで思いきった命令を下します。三空母に搭載される百五十機あまりの全機を、日本の機動部隊めがけて発進させるんですね。

一方の南雲艦隊はミッドウェーの米軍基地の破壊を徹底させるべく、第二次攻撃隊の出撃を決定します。そんなときに、索敵機から「敵空母発見」の無電が送られてきたのです。

このときの判断が運命を決めたとよくいわれるところなんです。つまり、日本側空母で発進準備していた攻撃機には、基地空襲用の爆弾が装着されていました。ところが米機動部隊が出てきたとなれば、そちらに向かわなくてはならない。でも軍艦相手に爆弾では効果が薄い。正攻法で行くには爆弾を取り外して魚雷に付け替える必要がある……。

これも有名な話ですけれど、空母「飛龍」司令官だった山口多聞少将という猛将といわれた人がおりまして、山口少将は南雲司令官に「直ちに攻撃隊発進の要ありと認む」と打電するんですね。要するに、こういうときはもたもたそんな作業をしていると敵に隙を与えるだけだ、爆弾で敵空母の甲板を壊すだけでもいいからとにかく先制攻撃することが大事なんだ、という意見です。

南雲司令官は最終的に正攻法を選択し、爆弾から魚雷への換装を指示します。その作業がようやく終わってさあ出撃というところに、米空母から発進した急降下爆撃隊が空から突っ込んできたのです。

あっという間に「赤城」「加賀」「蒼龍」の三空母に爆弾が命中して火災を起こし、致命傷を負うのです。格納庫などには爆弾や魚雷がゴロゴロしていて、それらが次々に誘爆を起こしたんですね。

唯一、無傷だったのが山口少将の「飛龍」でした。さっそく山口は攻撃隊を米空母に差し向け、米空母「ヨークタウン」を航行不能に陥れます。ところが米軍機の執拗な波状攻撃をかわし続けた飛龍もついに命中弾を受け、沈没してしまうのです。山口少将も艦と運命を共にしました。

多くの教訓を残した戦い

結果、日本側は空母四隻を一挙に失うという大損害を被って、ミッドウェー作戦は中止されたんですね。空母の損失もさることながら、数多くのベテラン搭乗員を失ったことも以後、大変な影響を与えます。海軍の搭乗員育成は少数精鋭主義だったので、急にその分を穴埋めしようにもできないんです。ですから、このミッドウェー海戦での敗北が太平洋戦争におけるターニングポイントだったといわれるようになるんですね。

このミッドウェー海戦からどんな教訓が得られるのか、これも今までにたくさんの書が出ています。例えば「作戦の目的が不明確」だったというのもよくいわれる話で、ミッドウェー島を攻略して島を占領することが目的なのか、それともミッドウェーを叩いたときに出てくるであろう米艦隊の撃滅なのか、どちらが一義的なのかよくわからない作戦でもあったんです。

もう一つ、「機密保持の甘さ」というのもそうです。海軍ご用達の料亭の芸者まで、ミッドウェー作戦を知っていたという笑うに笑えない話があるように、あまりにも情報管理がずさんでした。ついにはアメリカにまでミッドウェーを指す海軍の暗号が見破られてしまい、アメリカは機動部隊を派遣して待ち受けていたんですね。

でも僕が、二十一世紀に残すべき教訓として何か挙げさせてもらえるなら、海軍がそこで大敗北した事実を組織ぐるみで隠ぺいしようとした事実だと思うんです。

当時の海軍の首脳部も緒戦の勝利に酔って、どこか楽観的だったんですね。このミッドウェー作戦も当然のごとく成功すると確信していましたから、軍令部では宴会の準備と勝利のニュースをどう国民に伝えるかという予定稿まで用意し、盛大な祝賀行事をやる計画でした。

ところが現地から伝えられる状況は文字通りの想定外、まさかの大損害だったんですね。そのとき、海軍首脳部はいろんなことを考えたんだと思います。この事実を伝えたら、国家総力戦でやっている今の体制が崩壊するんじゃないか、特に陸軍に伝われば、海軍はもう頼りにならんとばかりに予算やら資源の配分で主導権を握られてしまう、そもそも陛下に何と申し上げたらいいのか……。

「陸軍にもいうな」組織ぐるみで隠ぺい

それで彼らが出した結論が、ウソをつこうということだったんです。それを雄弁に語る資料があります。「今次作戦ニ関スル諸般ノ事項左ノ通リ処理セシメラルルニツキ右オ含ミノ上事後処理及ビ部下指導等実施アリタシ」という、部内通達です。要するに、海軍として対内的対外的にミッドウェー作戦の結果をこういう風に伝えなさいという公式文書なんです。

まず、この海戦で受けた海軍の被害をこう伝えろとあります。それは「空母一隻喪失、空母一隻大破、巡洋艦一隻大破、飛行機三十五機未帰還」という内容です。

本当は空母四隻、重巡洋艦一隻喪失、航空機にいたっては三百機近くを失い、死傷者が三千名に及んだのですから、脚色、粉飾を超えた明らかな「ウソ」です。

さらに陸軍にもそう言えと。ミッドウェー作戦は敵が思わぬ大兵力でやってきたので一時延期したことにしろ、しかも流言については厳重に取り締まっていると、こう書かれているのです。要するに、事実を徹底的に伏せて身内まで騙そうとしたということなんです。

実際に大本営海軍部が発表したのも、先のウソの内容でした。驚くのは首相である東條英機ですら、ほとんど真相を知らされていなかったという事実です。さすがの海軍も天皇には事実を伝えたようですが、後で政務関連の上奏を東條首相がしたときに、天皇から海軍は空母を四隻もやられたようだねと聞かされて、初めて本当のことを知ったという顚末だったのです。東條首相ですら、海軍出身の秘書官に「この戦争が負けるとすれば、その理由は陸海軍の対立と国民の厭戦の二つしかない。海軍ももっとしっかりしてくれなければ困る」とぼやいています。

海軍の隠ぺい工作はまことに徹底しておりまして、ミッドウェーから命からがら帰ってきた搭乗員らを四国の松山などの病院に入れて幽閉しちゃうんです。部屋は昼間もカーテンが閉められ、親兄弟への手紙すら禁止。現地組から真実が洩れることを恐れて、お前らはそこでじっとしていろということなんです。

ちなみにこの酷い扱いに怒ったのが戦後、クリスチャンになってアメリカに布教にいく、真珠湾攻撃のときの攻撃隊総隊長だった淵田美津雄です。彼はミッドウェー海戦で空母「赤城」の飛行隊長でしたが、盲腸の手術後で出撃せず、帰還できたんですね。彼なんかはこのときに受けた罪人扱いにずいぶん怒って、後に山本五十六を批判していますが。

海軍内部でも、佐官クラスのなかからこの敗北をきちんと総括すべきだとする意見書を上申する動きもあったんですね。あいまいにしたままではダメだと。でも、それも上が押さえ込んでしまったのです。

ガダルカナルへの米軍上陸

さて、この「挫折」の期間中でもう一つ、日本が敗北を喫した戦いであり、やはり官僚主義の弊害が前面に出た戦場としてガダルカナル島の戦いを取り上げてみたいと思います。ガダルカナルという島はちょうど四国の三分の一ほどの大きさで、ニューギニアの東側に点在するソロモン諸島の島です。当時はイギリス領でした。

先ほど、海軍が第二段作戦としてアメリカとオーストラリアの連絡路を遮断しようとニューギニアなどに歩を進めようとしていたことに触れました。それに関連して海軍は南太平洋のフィジーやサモアを攻略しようとし、そのための前進基地として目をつけたのがこのジャングルに覆われたガダルカナル島だったのです。そこでこの島に設営隊・警備隊数千名を上陸させ、航空基地が完成したのはミッドウェー海戦から二ヵ月後、昭和十七年八月初旬のことでした。

ところがさあラバウルから航空部隊を送って運用を始めようとした矢先に、アメリカ軍が大挙してそこへ上陸してくるんですね。現地部隊は大半が基地建設要員ということもあって、あっという間に占領されてしまうのです。実はこのアメリカの行動は、ラバウルやトラックなど太平洋の島々にある日本軍の拠点を攻略しようという一大反攻作戦の幕開けでした。

当時の大本営の情勢判断では、アメリカの本格的な反攻は昭和十八年以降だろうという見とおしでした。ですからそんなこととは露知らず、ガダルカナルへのアメリカの上陸は散発的な、様子見程度のものだろうと考えたのです。

陸軍の参謀たちはガダルカナルなどという島の名前も、そんなところに海軍が基地をつくっていたことも知らなかったという状態でした。しかも、アメリカ軍がどれだけの兵力でガダルカナルを守っているのか、まったく情報がない。まあ、数千程度の残敵だろうということで、ミッドウェー作戦の上陸部隊でグアムにいた一木支隊（一木清直大佐）約二千名に奪回を命じ、うち一千名が先遣隊としてガダルカナルに上陸します。

この一木支隊は日中戦争で経験を積んだベテランの部隊でしたから、なあにアメちゃんなんかオレたちだけで一ひねりだと、多少の侮りはあったんでしょう。本来なら後から到着する兵器を待って攻撃するはずだったのに、斥候（偵察要員）がアメリカ軍に見つかってしまい、こうなったら一気呵成にと得意の夜襲をかけたんです。ところが猛烈な火器の反撃を米軍から受けて、補給担当の兵士を除いて一晩で全滅してしまうのです。

失敗を繰り返して「餓島」に

大本営は次に、川口清健少将の川口支隊（第三十五旅団）約四千名をガダルカナルに送り込みます。このときは、さすがに守るアメリカ軍の火力が相当なものだという認識ができていました。ただ、制海権をアメリカに握られるなかで充分な火器を送ることができないんです。輸送はもっぱら駆逐艦でしたが、駆逐艦は輸送艦と違ってスペースがないから運びにくいんですね。

ですから、川口少将は海岸から最短距離でいく正攻法ではなく、ジャングルをう回して背後から奇襲をかける方法をとりました。でもこれが裏目に出てしまう。人の手の入ったことのない密林をナタで切り開きながらの行軍で、夜襲決行日時にみんながうまく配置につけなかったんです。それでバラバラに突っ込む結果になって、これまた失敗してしまうのです。

ここにきてようやく参謀本部も、アメリカはどうやら本気でガダルカナルに攻めてきたと実感するようになるんです。それで今度は一万人以上の第二師団（師団長・丸山政男中将）をジャワ島から投入し、現地の生存兵と合わせた約二万で三度目の攻撃をしかけるも、失敗に終っています。

アメリカ軍は陣地にグルッと鉄条網を敷いていて、そこに日本軍が銃剣突撃して足止めされているところを、機関銃などの強力な火器で圧倒したんですね。しかも、ジャングルの至るところに小型マイクがしかけられていて、日本兵の話し声や足音を拾うとそこを爆撃するという徹底したものでした。日本軍はただひたすら歩兵の銃剣突撃を繰り返し、壊滅してしまったのです。

その後も陸軍は増援（第三十八師団）を送りますが、輸送の途中でほとんどが海没するという結果に終わり、それからは物資の輸送も途絶えます。そこから、「餓島」という地獄のような状況が始まるんですね。兵士は二週間分ほどの食料しか持参していませんでしたから、現地に残されたおよそ二万人の将兵は文字通りの飢餓を経験します。負傷した傷口をウジにたかられながら絶命する者、マラリアで発狂して自決する者……。彼らの多くが、遺族にはとても真実を伝えられないような死に方だったといってもおかしくありません。

省みなかったガダルカナルの戦略価値

陸の戦いもさることながら、このガダルカナル争奪戦で大きな痛手を負ったのは海軍も同様でした。米海軍との幾度の海戦や輸送作戦で、戦艦や駆逐艦などの軍艦と数多くの輸送船、八百機以上の航空機を失ったことはその後の戦線維持に重大な影響を与えるほどのものでした。

このときに有名な船舶問題というのが起こるんです。ガダルカナルで相当な艦船が沈められ、陸海軍は作戦続行を前提に民間船の徴用を合わせて六十万トン以上要求します。さすがの東條首相も、これには待ったをかけます。そもそも、開戦してから日本にある民間船（百トン以上）の半数にあたる約三百五十万トンを陸海軍は徴用していました。つまり最低でも残り三百万トンは残しておかないと、国内産業や国民生活に支障が出てくるからです。

徴用船は第一段作戦が終わったら民間に返すはずだったのが、お話ししたように海軍が第二段作戦だと次々に新しい作戦をやっていくものだから返せない。しかも、沈没した船のほうが新しく建造されたそれをはるかに上回っていると。そこに六十万トンを追加で出せということになると、民需に必要な三百万トンを割り込むことになります。そうすれば、鉄鉱石などの原料を本土へ運ぶ船が減り、鉄の生産量が減るという具合に、あらゆるものを輸入に頼る日本は自分で自分の首を絞めることになる。なんと、開戦から一年もたたないうちに早くも国力の限界に直面してしまうんですね。

最終的に要求を大幅に削られた参謀本部の田中新一作戦部長が東條首相に詰め寄って口論になり、「バカやろう」と罵声を浴びせて更迭される一幕があったのもこのときのことです。

最初の一木支隊が現地に赴いてから四ヵ月後の昭和十七年十二月、ようやく大本営はガダルカナルからの撤退を決め、翌年一月から二月にかけて約一万人の将兵が「餓島」を離れます。日本側の死者は二万人以上、しかもその多くは餓死、病死という異常な戦場だったのです。

このガダルカナルの戦いについて、様々な教訓がこれまで語られてきました。銃剣白兵突撃に固執した戦術の誤りしかり、相手の兵力を過小評価し、小出しに戦力を投入して失敗し続けた、ヘタな博打打ちのような戦い方しかり……。

戦後になって参謀クラスの人々が書き残した手記などを読むと、一木支隊そして川口支隊が相次いで失敗した時点で、ガダルカナルを奪回することにどれだけの戦略的な意味があったのかを考えるべきだったと記しています。つまり、その後もどんどん兵力を注ぎ込んでまで、奪回しなくてはいけないほどの価値があの島にはあったのかという意味ですね。

陸海軍のメンツが失敗を拡大

それができなかったのはなぜだったのか。僕は、官僚システムのなかに生まれる、組織のメンツが原因だと思うんです。

それまで勝ち戦の連続だった陸軍にとって、一木、川口両支隊の敗北はとても大きな屈辱として受け取られたことでしょう。特に海軍に対しては張り合っていましたから、海軍から「おい陸軍さんはこんな島も落とせんのか」となめられたくない。そんなひと握りの作戦参謀たちのメンツが冷静な判断力を失わせ、戦略的な意味なんかどこかにいってしまって、とにかく意地でも奪回するまで兵を送り続けるという結果につながっていったとしか、考えられないのです。

さっきの船舶問題もまさにそれで、要するに海軍が何万トン要求するならウチもこれだけ要求しようという、メンツの話なんです。本当にこういう事情でこれだけ必要だという話ではなく、単に既得権を相手に取られまいとしていたんですね。予算をはじめ何から何までこんな調子で、戦争という非常時でもそれは変わらなかったということです。

もちろん、メンツが組織内のモチベーションを高めるというプラスの働きがあることも認めます。でも、同じ目的のために組織同士が協力し合い、最大の能力を発揮しなくてはならないときに互いに足を引っ張り合う。海軍はミッドウェーの敗北を陸軍に隠そうとし、陸軍は陸軍でヘタな博打を繰り返す……。このことは、太平洋戦争の終盤になると救いようがないほど大きなマイナスとなって出てきます。海軍のウソの大戦果に基づいて陸軍が作戦を変更し、大失敗するという、愚に愚を重ねるようなことが現実に起こってしまうのです。それは後で詳しくお話しするつもりです。

それは何も昔のことだと片づけられる話ではなく、今の組織にも十分に起こりうることなんじゃないでしょうか。福島第一原子力発電所の事故のときに、当時の原子力安全委員長が「原発は大丈夫、爆発はしない」と総理大臣に説明した直後に水素爆発が起こり、一気に信用を失ったという一件がありましたね。船橋洋一さんの『カウントダウン・メルトダウン』でもその顚末が詳しく触れられていますが、日本の原子力発電の安全を管理してきた組織のトップにも、やはりメンツがあったはずです。「爆発するかもしれない」などと言ったら、その時点でこの組織の存在意義を失ってしまうわけでしょうから。

ガダルカナルは絶対に奪回できると主張した参謀本部作戦部の責任者も、原発は爆発しないと断言した原子力安全委員長も、どこか似た構図があるように思えるんですね。

それはともかく、僕がどうしても許せないのはそのメンツこそが、多くの兵士たちを飢えと病気で死に追いやったという事実です。運が悪かったとかの話ではなく、人為的に起こった悲劇なのです。どうか二十一世紀を生きていくこれからの世代で組織の上に立つ人たちには、そのことを忘れてほしくないのです。

組織の論理が優先されて国民をいたずらに死地に追いやり、国を滅ぼすなどということが、これからの日本ではあってはならないと強く思うからです。

第4章

「崩壊」そして「解体」「降伏」

——建前と観念、組織対立の果てに

アッツ・サイパン・レイテ決戦と沖縄戦

昭和十八年以降の戦局

さて、ここまで真珠湾での開戦からミッドウェー海戦での敗北に至るまでの「勝利」期、そしてアメリカが本格的な反攻に出て日本の国力の限界が露呈したガダルカナルの戦いを経て日本必勝の象徴的な存在だった山本五十六連合艦隊司令長官が撃墜死するまでの「挫折」期を振り返ってきました。

ここからは、昭和十八年四月から十二月までの「崩壊」、そして昭和二十年二月までの「解体」期を考えてみたいと思います。

「崩壊」期はガダルカナルの戦いで船舶を消耗し、危うく国力が傾きかけたところで撤退を決めて長期不敗態勢という〝建前〟を何とか守りきった、というのが大本営の本音だったろうと思います。「崩壊」と「解体」はおよそ二年間と期間が長いので、参考までにどんなことがあったのか、まずは年表にしてみます。

〈昭和十八年〉

4月　山本五十六戦死

5月　アッツ島玉砕

7月　キスカ撤退
　　連合軍、シチリア島上陸
　　ムッソリーニ失脚
9月　絶対国防圏策定
　　イタリア降伏
11月　ブーゲンビルへ米軍上陸
　　ギルバート諸島マキン、タラワ玉砕
12月　学徒出陣

〈昭和十九年〉
1月　ベルリン空襲
2月　米、マーシャル諸島占領
　　トラック島空襲
3月　インパール作戦開始
4月　大陸打通作戦開始
6月　ノルマンディー上陸作戦

米軍、サイパンに上陸
マリアナ沖海戦
7月 インパール作戦放棄
サイパン玉砕
東條内閣総辞職
10月 台湾沖航空戦
米軍、レイテ上陸
11月 サイパンからの東京初空襲

〈昭和二十年〉
1月 米軍、ルソン島上陸
2月 ヤルタ会談
硫黄島上陸
マニラ占領

この年表が物語っているものは何でしょうか。日本はアメリカを始めとする連合国と戦争をしていました。そんなこと言うまでもありませんけれど、なんのためにこの戦争を始めたのかという本質的なことがこの過程で失われ、勝利もなければ降伏もないというある種の妄想空間のなかに落ち込んでいったようにも思えるのです。この戦争に勝つこともできなければ負けることもできない、ただただ戦争を継続するための理由をつくりだしていったとでも言いましょうか……。

当時の政治・軍事指導者たちがそのような「妄想空間」にとらわれていったこと自体が、この国の良質な文化や伝統、倫理観から大きく外れたものであったと僕には思えて仕方がないのです。

アッツ島攻略の意味

それではアッツ島の話に入りましょう。アッツ、キスカといってもどこにある島なのかわからないという人も多いかと思います。

世界地図でいうと、ユーラシア大陸と北米大陸の間ですね。ロシアのカムチャツカ半島から、アメリカのアラスカ半島にかけて弓状に点在する小さな島々がアリューシャン列島で、カムチャツカよりの二島を除けばすべてアメリカ領です。佐渡島とほぼ同じ大きさで、アラスカから見て一番西側にあるのがアッツ島で、キスカ島はアッツよりも少しアラスカ側に位置しています。

すでにお話ししたように、アリューシャン作戦はミッドウェー作戦と並行して進めるべく、山本連合艦隊司令長官が中心となって発案したものです。アリューシャン攻略の目的は米ソが軍事提携をして対日攻勢に出る場合、このアリューシャン諸島が連絡路になるだろうから、先んじて米ソを分断しようということに加えて、アメリカがここに航空基地を前進させて日本への爆撃を行うことへの予防線というものでした。念頭にはあのドゥーリトル隊の帝都初空襲があったのでしょう。

アリューシャン作戦はミッドウェー海戦とほぼ同じころに実施されて、アッツとキスカ両島への上陸、占領が成功します。それから飛行場を設営したりするのですが、大本営がこの島を確保してどうしたいのかはっきりしないんですね。というのも両島の部隊を管轄する北部軍司令官になった樋口季一郎という人が書き残した回顧録などを読むと、ここに北海支隊を送った目的が何なのかはっきりしてほしいと大本営に聞いているのです。要するに、航空基地の建設か、それとも米軍来攻に備えて防備を固めるのかどちらを優先したらいいのかという話なんです。

さらに、樋口司令官はアッツ、キスカに駐屯する人員ではとても守りきれないから増員してしっかりした守備隊にしたいと大本営に申し出ます。ところが、大本営はそれを却下しちゃうんです。要するに、当初のイケイケムードのときに遠くアリューシャンまで兵を置いたのはいいけれど、ミッドウェーやガダルカナルでの相次ぐ敗退で状況がガラッと変わってしまい、そんなところに増員はできないと。すでに大本営からも半ば見捨てられていたようなところでした。

それで山崎保代大佐率いる二千五百名の守備隊が守っていたところに昭和十八年五月、一万名を超えるアメリカ軍一個師団が上陸するんですね。

太平洋戦争で初めての「玉砕」

圧倒的な敵に対して、アッツ守備隊はなんと十九日間も闘い続けました。五月二十九日、「思い残す事はない。使用し得る兵力は百五十名、一団となって、全部残らず討ち死する決意である……。天皇陛下万歳」という決別電を日本に送った後、山崎以下百五十名は最後の突撃を行って全滅するのです。その様子を目撃したアメリカ軍の中隊長が次のように記録しています。

「ふと異様な物音がひびく。すわ敵襲撃かと思ってすかして見ると三〇〇〜四〇〇名が一団となって近づいてくる。先頭に立っているのが山崎部隊長だろう。右手に日本刀、左手に日の丸をもっている……。どの兵隊もどの兵隊も、ボロボロの服をつけ青ざめた形相をしている。手に銃のないものは短剣を握っている。（中略）わが一弾が命中したのか先頭の部隊長がバッタリ倒れた。しばらくするとむっくり起きあがり、また倒れる。また起きあがり一尺、一寸と、はうように米軍に迫ってくる。また一弾が部隊長の左腕をつらぬいたらしく、左腕はだらりとぶら下がり右手に刀と国旗とをともに握りしめた。こちらは大きな拡声器で〝降参せい、降参せい！〟と叫んだが日本兵は耳をかそうとはしない。遂にわが砲火が集中された」（『戦史叢書　北東方面陸軍作戦〈1〉』より）

鬼気迫るものがあります。アメリカ人が書き残したこのアッツ島の戦いの手記などを読むと、みな一様に日本軍の戦い方に驚いています。「これはもはや戦争ではない」とか、「目の前で起こったことをどう理解したらいいのかわからない」と。

このアッツ島守備隊の全滅を伝える「大本営発表」に、はじめて「玉砕」という表現が使われたんですね。彼らの死闘を讃える本が何冊も刊行され、「アッツ島血戦勇士顕彰国民歌」という歌までつくられました。皇軍兵士の鑑《かがみ》だという、戦意高揚のための美談になったのです。それからが日本人的といいますか、一度このようなムードになると「玉砕」しなければ卑怯者という扱いになりますから、太平洋の島々にアメリカ軍が上陸してきて守備隊が孤立すると、必然的に最後は玉砕ということになっていくのです。

どうして日本軍はあれほど「玉砕」をしたのか。それについては、日本人の精神性であるとか、日本人は死にものぐるいで戦うということをアメリカに認識させ、もうこんなやつらとは戦えないと講和を考えさせる目的があったとか、様々に語られてきましたね。でも僕はやはり、このような死を兵士たちに強いた大本営参謀たちの「思想の限界」にこそ、思いをいたしたいのです。

「見殺し」を美談に仕立てた大本営の思想

アッツ島の守備隊だって、アメリカ軍が上陸してきて最初から玉砕だなんてことを目指していたわけではないのです。ともかく自分たちより何倍もの優勢な敵がやってきたわけですから、現地に弾薬食料を補給し、場合によっては援軍を差し向けなければ勝ち目はない。北海道にあった北部軍司令官の樋口はすぐに山崎に「援軍を送るからそれまで持ちこたえろ」と伝え、旅団を編成してアッツ島へ逆上陸させるプランを立て、大本営に上申します。

樋口の元に飛んだのが秦彦三郎陸軍参謀次長です。そこで重要な話し合いが持たれるのですが、大事なのがこのときのやりとりなんですね。

樋口や秦の残した手記などに基づきますが、樋口としては部下を助けたいから援軍を至急アッツへ送りたいというと、秦は現在の海軍の艦船では北部軍の作戦指導は無理だ、つまり援軍を送れるだけのフネがないのだと伝えるのです。重ねて樋口がアッツの守備隊をこのまま見殺しにするのかと食い下がると、秦は黙り込み、「そうせざるをえない」と……。樋口はこのとき泣いたそうですが、こうして現地部隊の「見殺し」が決まったのです。

参謀本部が恐れたのは、ここでアッツの奪回に乗り出して再びガダルカナルのような消耗戦になることだったんですね。それでキスカについてだけ現地部隊を後方へ撤収することを決めたのです。樋口はアッツの山崎大佐に「中央決定の次第、またそれにより私の決心したるアッツ救援作戦は実行不可能になった。一死国難に殉ぜられたし」「日本武士道の精華を顕現せんことを」と打電し、山崎はそれに「謹んで御意図に基づき行動する」と返電しています。

アッツ守備隊は、援軍派遣が中止になり、食料もない絶望的な状況のなかでよく戦ったと思います。その一方で、遠い島々に兵士を送り込んでおいて、気がついたら援軍も補給も、ましてや撤収もできないから死んでくれという大本営の無責任さには、あらためてあきれてしまうのです。

軍事の常識から考えてみても、どうして広範囲な太平洋の小さな島々にまで兵を分散して置いたのか、わからないという指摘もあるほどなんです。だって、それだけの地域に武器弾薬を補給したり、援軍を送れるだけの物理的な能力なんて最初からなかったんですから。実際、アメリカ軍が素通りしてしまって戦闘がなかった島だってあったんですね。そんな無定見な戦略の裏には日本人に特有の深層心理が影響していたのではないかとも思えてきます。

要するに、自分たちの無為無策で現地部隊を孤立させ、なす術なく死に追いやったという側面があるはずなんです。そんな作戦指導をした者たちの責任は問われることなく、その死を「玉砕」などと糊塗し、その後も同じようなかたちであちこちの島々で兵士たちが死を強要されていったのです。

後付けの話になってしまうのかもしれませんが、どうしてそのとき捕虜になってもいいから生き延びろということが言えなかったのか……。そういったところに、僕は当時の大本営参謀たちの思想的な限界を感じずにはおれないのです。

「絶対国防圏」

山本五十六の死から始まる「崩壊」期に、開戦前の願望のような構想が次々に文字通り「崩壊」しはじめていきます。

一つは海に囲まれた島国日本という特性上、物資の運搬に欠かせない船舶量の問題です。当然ながらこれは戦争ですから、敵の軍艦や潜水艦に輸送船が沈められます。開戦前の試算では、一年目に五十万トン、二年目に七十万トンの船舶を失うだろうけど、そのかわり年間に四十五万トンの新規建造を見込んでいましたから、数字だけみると二年でさほど大きな損害は出ない計算になります。

ところが実際に沈められた船舶量は十七年で約九十万トン、十八年になるとその倍の約百七十万トンという数字で、新規建造分は十七年が二十四万トン、十八年が五十一万トン。つまり沈没量は予想以上、新規建造分は予想以下という、試算の根拠すら疑われるような結果になっています。国家総動員だといくら叫んでも、原料が入ってこなかったら船も飛行機もつくれません。

もう一つが同盟国であるドイツ、イタリアの状況です。十八年にはいってソ連に侵攻していたドイツ軍がスターリングラードで敗退するんですね。さらにその年の七月にはシチリア島に連合軍が上陸し、ムッソリーニが退陣に追い込まれ、イタリアの敗北は決定的になります。

つまり「ドイツ、イタリアと提携してイギリスを屈服せしめ、アメリカの継戦意思を喪失せしめる」という、当時の大本営が思い描いていた勝利の構図が根本から揺らぎはじめたのです。

こうして昭和十八年九月、戦略方針の転換が御前会議で決定されます。それまで掲げていた長期不敗態勢の構築という旗を降ろし、絶対確保すべき要域として「千島、小笠原、内南洋（中西部）及び西部ニューギニア、スンダ、ビルマを含む太平洋及び印度洋」のラインを策定、「今明年内に戦局の大勢を決する」としたのです。

この「絶対確保すべき要域」というのが、いわゆる「絶対国防圏」のことなんです。つまりここに挙げている地域を一つでも失えば、もはや日本の勝利はないのだと。「絶対」という、とても力強い言葉を使って死守しようというわけですからね。

アメリカ軍は着々と中部太平洋への侵攻を進めていきます。十一月にはニューギニアの東にあるブーゲンビル島へ上陸し、次いでギルバート諸島のマキン、タラワの日本軍が玉砕。翌十九年二月にはマーシャル諸島を占領し、日本海軍の拠点トラック島やマリアナ諸島への空襲と、太平洋をじわじわ西へ西へと押し出してきます。

サイパンは「難攻不落の要塞」

一方の大本営の情勢判断はというと、これまた楽観的なものだったのです。アメリカ軍はニューギニア、フィリピンを主反攻線にするだろうと考え、もちろん占領したマーシャル諸島から目と鼻の先にあるマリアナ諸島への侵攻も考えられるが、特にマリアナのサイパンは防備が強固なので、そうそう攻めてこられないだろうと。自信満々、だから「絶対国防圏」なんです。

陸軍は天皇にそう報告し、海軍に対しても「絶対の自信がある」のだと。参謀総長の東條までが「サイパンは難攻不落の島」と断言してはばかりませんでした。その根拠は、独立混成旅団に加えて第四十三師団を増派した総勢四万名という防衛部隊の陣容や、上陸予想地点にコンクリートで固めた陣地をめぐらせて水際でアメリカ軍を撃退するというものでした。

アメリカ軍がやってきてもサイパンで三ヵ月は足止めできる、その間に連合艦隊がアメリカ太平洋艦隊と決戦して撃滅してくれる……。参謀本部ではそんな楽観的で威勢のいい話が交されていたということですから。

威勢という意味では海軍も似たようなものでした。確かにミッドウェー海戦の痛手は大きかったものの、虎の子の「大和」「武蔵」を含め保有する戦艦は七隻、航空母艦も改装した軽空母も含めれば九隻、重巡洋艦十一隻とまだまだ堂々たる陣容で、これらを第一機動艦隊として編成し、中部太平洋で一大決戦に臨もうとしていたんですね。この決戦を海軍の「あ」号作戦といいます。

この第一機動艦隊の艦載機は四百四十機ほど、これだけではもちろん心もとない。この時期になると米軍機を圧倒していたゼロ戦の優位もかなり低下していました。でも、海軍にはテニアンやトラックなど中部太平洋の島々に千六百機余りの基地航空兵力がありました。猛将といわれた角田覚治中将率いる第一航空艦隊です。つまり、米艦隊が中部太平洋にやってきたらまずこの基地航空隊ですり減らし、弱ったところで艦隊決戦に持ち込むというハラだったわけです。

こうやって聞くと、大本営参謀ではありませんけどサイパンは難攻不落で絶対落ちない気がしてきますね（笑）。

「絶対落ちない」島の早かった陥落

結果から言ってしまうと昭和十九年六月中旬、アメリカ軍機の空襲がサイパンやテニアン、グアムを襲います。十五日には海兵隊二個師団、陸軍一個師団およそ六万三千名が猛烈な艦砲射撃の掩護の下に、続々とサイパンに上陸してきます。

最初の二日間で日本軍は大規模な夜襲をかけたりしましたが撃退されてしまい、早くも大勢は決して後は山中の洞窟などにこもってのゲリラ戦という様相になりました。上陸から二十日間ほどたった七月五日には斎藤義次司令官以下四十三師団が玉砕し、日本軍の組織的な戦闘が終わったのです。

余談ですけど、それ以降も戦い続けて終戦後の昭和二十年十二月に投降したゲリラ部隊がサイパンにはいたんです。映画にもなりましたが、大場栄さんという大尉が率いていた五十名ほどの部隊です。投降するときに、近くを通りかかったアメリカ軍のジープを止めて伝えようとしたら、若いアメリカ兵が銃をつきつけながら泣き出したんだそうです。よほど日本兵が怖かったんでしょうね。

それはともかく、四万人の将兵と在サイパン民間人二万五千人のうちおよそ一万人という膨大な死者を出して七月九日、サイパンはアメリカ軍に占領されます。その間に小沢治三郎提督率いる第一機動艦隊とアメリカ機動部隊との間でマリアナ沖海戦が起こりましたが、これもほとんど戦果を得られず、逆に航空機の大半を失い、空母三隻撃沈という痛手を負って作戦は中止となりました。

サイパンは絶対に落ちないという話だったのに、どうしてこんな無惨な結果になったのでしょうか。

まず陸軍のサイパン守備隊の内情を見ると、とても絶対などとはいえないお粗末な内容だったのです。第四十三師団を送ったのはいいけれど、輸送船が途中で沈められたりして一万六千名のはずが到着したのは一万三千名、しかもそのうちの千名ほどは武器も何も持っていなかったんです。それにコンクリートで頑強に陣地構築するはずだったのも、資材が足りなくて穴を掘っただけのようなもの。制海権を日本はほとんど失っていて、満足に物資や兵員を送れなかったのです。要するに東條首相らの絶対の自信は、難攻不落にしろと指示しただけのことで、その実情に基づいての話ではまったくないのです。

海軍の作戦にしても似たようなものでした。小沢艦隊はマリアナ周辺の基地航空隊の支援を前提としていたのに、肝心の基地航空隊は先にアメリカ軍との戦闘や空襲でほとんどやられてしまっていたのです。しかもアメリカ機動部隊はすでにレーダーを備え、練度の低下した日本軍機を上空で待ち構え「マリアナの七面鳥撃ち」と揶揄されたほど簡単に撃ち落としていきました。もはや科学技術力でもパイロットの技量でも、かなう相手ではなくなっていたんですね。

民間人を死に追いやったもの

とにかく、難攻不落と豪語しながらその実は何から何まで虚構のような戦場だったということです。そもそも、制海権、制空権を失いつつあった島が、どうして難攻不落なんでしょうか。こんなところにも、形式だけ最初に整えて実態を直視せずに失敗するという、官僚制度のマイナス面が噴き出していたのではないでしょうか。

何だか、年金資金から莫大なお金を投じてあちこちに保養施設をつくったのはいいけれど、無計画だったために経営に行き詰まったグリーンピアの問題とも、時代こそ違えど、根っこは同じところにあるような気がします。

ただ、サイパン戦で忘れてはならないのが一万人に及んだ民間人の死者のことだと思います。この小さな島が戦場になって追いつめられた彼らは、ある者は日本軍と一緒に総攻撃に参加し、ある者はアメリカ軍に撃たれ、ある者は肉親に手をかけ、そして自身も断崖から海に飛び降りるなどして命を絶ったのです。

たまにテレビの太平洋戦争番組などで見かけますが、アメリカ軍がサイパンで撮影したフィルムに、着物姿の女性がクリフへ身を投げるシーンがあります。

どうして彼女はそうしたのか。それは、アメリカ軍に捕まれば男や子供は殺され、女性は強姦されるという話が日本人の間で流布していたからです。だからサイパンや沖縄では、住民が日本軍の後を足手まといにされながらもついて歩き、最後は誠に凄惨な、子や妻の首を絞めて殺し、自分も死ぬという集団的な心中事件があちこちで起こったんですね。

そんな根拠のないデマゴギーを広めたのは、当時の軍部や政府です。

ここに、昭和十八年二月五日に帝国議会衆議院で開かれた委員会議事録があります。戦時行政特例法案などを審議する委員会ですが、そこで委員から今次の戦争は容易ならざる戦争である、でも日本人は戦争で負けた体験がないからどこか甘く見ているのではないか、国民にこの戦争の深刻さを知らしめるためにどうするべきかと問われ、出席していた東條首相が答弁します。そのなかに、次のような発言があるのです。

「而シテ此ノ戦争ハ勿論私ハ勝ツト云フ決意ハ固イノデアリマシテ、再三申上ゲテ居ル通リデアリマス、是ガ敗ケタ日ニハ日本ト云フモノハ地球上カラ総テ抹殺サレマス、米英ノ奴隷デス、是ハ国民トシテモ能ク御分リノコトダト思フ、ドウシテモ此ノ戦争ニ勝タナケレバナラヌ、石ニ噛リ付イテモ勝タナケレバナラヌ、勝ツ自信ニ付テハ再三申上ゲテ居ル通リデアリマス……」

一国の首相が、この戦争に負けたら日本は地球上からすべて抹殺されると明言していたんですから。それを信じるとしたら、アメリカ軍に捕まって殺されるのだったら自分の手で……ということになるでしょう。

国民を死にものぐるいにさせるという意味もあったのでしょうが、そんな根拠のない言説のためにどれだけ多くの民間人が死を選んでいったか……。東條はサイパン陥落について、首相官邸で「こんなことは泥水がはねたようなものだ」とうそぶいています。

五十二万人が死んだフィリピン戦線

絶対国防圏はサイパン陥落であっという間に崩れ去りました。国内では東條内閣が重臣たちによる反対、そして天皇の信任を失って総辞職します。次いで陸軍軍人で朝鮮総督だった小磯国昭を首相とし、米内光政を海軍大臣にもってきて実質的には二人が首班という小磯・米内連立内閣が誕生します。人事を一新して戦局を立て直そうということなんですね。

でも本来なら、サイパンの陥落を機会として政治の側が本格的な終戦工作に乗り出さなくてはいけなかったんですね。マリアナ沖海戦での敗退で連合艦隊はアメリカの海軍力と決戦する力を完全に失ってしまいましたし、戦勢を挽回するなんてことはもはや望めない。ただ、小磯内閣は「木炭バス内閣」だと揶揄されたように、何ごとも遅くて進まないんです。そもそも小磯という人は朝鮮総督として二年も本土を離れていて、陸軍の主流だった東條一派にも属さない人でしたから、何かにつけて陸軍に反対されたという事情もあります。大事なときに決断できない政治指導者は何も戦争中だけの話ではありませんが、早期講和の展望が見えないまま、参謀本部が立てた新しい作戦が「捷」号作戦です。フィリピンから台湾、沖縄から本土へとアメリカ軍がやってくることを予想し、そこで決戦を挑んで大打撃を与え、講和の際に少しでも有利な状況をつくろうというものです。

太平洋戦争での将兵・軍属、民間人を含めた日本人の戦死者はおよそ三百十万人とされています。そのうち海外で一番死者が多かった地域がどこだったかご存知でしょうか。ちなみに満州を除いた中国本土では約四十七万人という大きな数字ですが、これが一番ではないのです。答えはフィリピンで、その数なんと約五十二万人です。

フィリピンの戦いを簡潔に申しますと、まず十月十八日、レイテ島にアメリカの大船団が現れます。フィリピンは島嶼国家で北に首都のあるルソン島、南にミンダナオ島という大きな二島があり、その間にいくつも島々を挟んだ格好ですが、レイテ島とはその間にある島の一つです。主としてフィリピン防衛に当たるのは第十四方面軍十二万名、司令官はかのマレーの虎こと山下奉文大将で、それ以外にフィリピン南部を管轄する第三十五軍が十万名、それ以外の海軍の兵力をあわせると総勢三十八万名の大所帯でした。

そもそも、最初の方針ではレイテやミンダナオにアメリカ軍が上陸したら第三十五軍が、そしてルソンにきたら第十四方面軍がそれぞれ持久作戦を行うということになっていたんですね。ところが大本営が突然方針転換して、ルソンの第十四方面軍にレイテに至急兵を送って決戦しろと言い出したのです。

レイテ決戦の悲劇

その理由は、直前にあった台湾沖航空戦によるものでした。台湾を空襲したアメリカ機動部隊を九州から陸海軍の航空隊で迎撃した結果、なんと大本営の発表では「撃沈、空母一〇・戦艦二・巡洋艦三・駆逐艦一」という、久しく国民が耳にしてこなかった一大戦果だったのです。

結果的にこれは大誤報で、そのいきさつは後で詳しくお話しするとしますが、陸軍はその戦果を信じて、もはやフィリピン近海に脅威となるアメリカの機動部隊は存在しないんだと。レイテに現れたアメリカの船団はその残党のようなものだろうから、ここは一挙にレイテで決戦してしまおうと判断したのです。現地の山下司令官はその方針に執拗に反対し続けますが、渋々それを飲むことになります。

山下が反対したのも、レイテの制空権がアメリカ軍に奪われていたからなんです。マニラから七百キロも遠い、しかも制空権のないところに決戦できるだけの大兵団を無事送ることができるのか……。結果は山下の不安通り、無事着いたのは一個師団だけで、あとは多くが途中で敵機の攻撃に遭って海没します。レイテに投入されたおよそ八万の日本軍は十万以上の火力優勢なアメリカ軍と対峙します。

小磯首相がレイテの戦いを「天王山」と呼んだように、海軍も残存艦隊をレイテ支援に差し向けます。アメリカの機動部隊と正面から勝負を挑む力はもうないので、残存空母を集めた艦隊がおとりになってアメリカ機動部隊を北の方に誘導し、その隙に戦艦「大和」「武蔵」を含む別の艦隊をレイテ湾のアメリカ上陸船団に突っ込ませるという作戦です。また、最初の神風特別攻撃隊が編成されたのも、このときでした。

海軍のこの作戦も、結果的には失敗します。小沢治三郎提督のおとり艦隊は確かにアメリカ機動部隊を北へ誘導したもののその際に送った電報が突っ込み役の栗田（建男）艦隊に届かず、逆に栗田艦隊はおとり作戦が失敗したのではないかと訝っていたところに「敵機動部隊発見」の報が索敵機からもたらされたんです。方針通りまっすぐレイテのアメリカ船団を目指すか、機動部隊を相手にするかということになり、栗田提督は機動部隊攻撃を選び、艦隊を反転させてしまうんですね。この話は「栗田艦隊、謎の反転」などとこれまでも戦史の謎として取り上げられてきました。

レイテの戦いも、弾薬食料の補給がなく、まるでガダルカナルの再現のような状況になって多くの兵士たちの命が失われていきました。

大戦果への疑惑

このレイテで死んでいった八万以上の兵士たちが、二十一世紀を生きる日本人に語りかけてくるものは何でしょうか。

大本営陸軍部参謀で、一時期は山下奉文の第十四方面軍情報主任参謀も務めた堀栄三さんという方がいました。彼は戦後、あの戦争について自分が見聞きした実態や反省を書いていたんですが、やはり軍人だったお父さんから「負けた戦のことを得意になって書いて銭などもらうな」と言われ、ずっと手元に置いたままになっていたのです。

僕は堀さんに興味を持って、取材拒否にあいながらも何度も奈良のご自宅を訪ねましてね。するとだんだん打ち解けてくれて、終戦直後にまとめたその原稿を見せてくれました。昭和五十年代のことです。その手記の出版を少々お手伝いさせていただきまして、今は『大本営参謀の情報戦記』(文春文庫)として世に出ています。

堀さんは一貫して情報を軽視し続け、やみくもな作戦に突き進んだ大本営のあり方を批判されているんですけれども、そもそも彼が海軍の戦果発表のおかしさに気づいたのは、ニューギニアの近くのブーゲンビル島であった航空戦(昭和十八年十一月)でした。このときに海軍が発表した戦果はアメリカ軍空母十四隻撃沈という凄い内容でした。

陸軍の情報参謀として米軍の戦法を研究していた堀さんはそれまでの海軍の戦果などを統計にしていたんですが、この時点でアメリカの空母はほぼ壊滅したことになると。それなら日本が戦争で勝ったことになるのに、全然そうなっていない……。しかも、ブーゲンビル航空戦での日本海軍の戦果を信じて、陸軍は叩くなら今だと同島の部隊をアメリカ上陸軍に突っ込ませたらあっという間に敗退してしまうのです。

堀さんらが調査してみると、海軍の戦果確認に問題があることがわかります。真珠湾攻撃の頃はきちんと空から撮影していたそうですけど、どうもそれもやっていない。攻撃から帰還したパイロットたちが目撃したことを報告し、それを一方的に積みげて戦果とされていることがわかってきたんですね。

アメリカ軍などは攻撃にあたって戦果確認機というのを必ず同行させていますが、海軍はそれもなかったんです。それだと明るい昼間ならまだしも、夕方から夜間にかかるような場合は味方の戦闘機が墜落して水柱が上がったのまで戦果と誤認するケースが必ず出てきますよね。

握りつぶされた電報

それで今度は台湾沖航空戦が行われているとき、九州・新田原の海軍基地でたまたま帰還パイロットらによる戦果報告の場に立ち会います。すると案の定、攻撃参加機が次々に帰ってきて報告するたびにどよめきが起こって撃沈した船の数が増えていくんです。報告したパイロットをつかまえて具体的にどう確認したのか問いつめると、最後はしどろもどろに……。たまたまそこにいた陸軍航空隊のパイロットが堀さんに、もの凄い弾幕であれをくぐり抜けられるのは十機に一機もないと打ち明けたそうですが。

ブーゲンビルの前例もありますから、堀さんはこの戦果は怪しいと直感したんですね。それで大本営の所属長あてに、戦果はせいぜい数隻で空母がそれに含まれているかどうかも怪しいと電報を打つのです。でも大本営はその情報を一顧だにせず、海軍の戦果を信じてレイテ決戦に傾いていきました。

余談になりますが昭和五十年代、有名な後日談がありましてね。ある雑誌の座談会企画で陸軍の大本営参謀だった朝枝繁春という人が、堀さんが大本営に送った電報を握りつぶしたのは作戦参謀だった瀬島龍三だと、このときの真相を暴露しちゃったんです。シベリアでの抑留から帰国した瀬島さんが堀さんと会ったときに、「あれは僕が握りつぶした」と告白されたという話ですね。

まあ朝枝さんは瀬島さんと仲が悪かったということも暴露の背景にはあったんでしょうけれど。でも瀬島さんに僕がそのことを確認したら、あれは堀君の記憶違いだと、そんなことは言ってないとばかりに否定しています。でも、堀さんはどこで瀬島さんと会って何を飲んで……とそのときの状況を克明にメモされていましたから、瀬島さんの発言は本当だと言っていいでしょう。

つまり、堀さんの電報がまず所属長の有末精三あてに送られ、有末が作戦参謀に渡したのは事実なんです。ですから瀬島さんはトボケていますが、それを作戦参謀として受け取ったのが瀬島さんで、それを彼の判断で握りつぶした、というのが真相ではなかろうかと思います。

瀬島さん自身も海軍の戦果が虚報だと知っていたという説もありますが、そこはもうわかりません。ただ、もう大勢が海軍の大勝利を踏まえてのレイテ決戦だという空気になっていたところで、それを否定するような情報を出しづらかったということもあったのかもしれませんが。

真実を隠ぺいした海軍の罪

組織が何かを決定する際に、都合の悪い情報を排除してしまう傾向というのは日本に限りませんね。例えばアメリカだって、日本軍が真珠湾を狙っているのではないかということをうかがわせる情報がいくつも上がっていたにもかかわらず、それはあり得ないだろうと上層部が考慮しなかったという研究があります。最近の言葉でいえばインテリジェンスの問題ですね。

でも、もっとも問題なのは、当の海軍上層部が台湾沖航空戦の戦果が嘘っぱちであることを、戦闘終了の翌日には知っていたという事実です。酷いではすまない話ですけれど、大戦果を発表した直後に台湾沖を七隻もの空母からなるアメリカの大艦隊が航行しているのを、偵察機からの報告で連合艦隊司令部は確認していたのです。

ところが、その重大な事実が陸軍に伝えられることはありませんでした。これもミッドウェー海戦と同じく、隠ぺいされてしまったのです。しかし今回は天皇にすらその真相を伝えていなかったのですから、完全なる隠ぺい。まったく、開いた口が塞がりません。

その結果、陸軍が作戦を変更してレイテ決戦を行い、そこで八万人もの将兵が命を落とした事実をどう考えるべきか。私たちはそれを歴史として明記しておく必要があると思います。

堀さんは『大本営参謀の情報戦記』で、アメリカ軍が昭和二十一年に作成して政府に報告した「日本陸海軍の情報部について」という調査書のことを書いておられます。日本の陸海軍の情報部門がお粗末だったのはなぜか、調査・分析したアメリカ軍がその原因を五点ほどあげています。

ドイツが勝つと断定して連合国の力を過小評価したこと、日本軍では情報任務が二次的なものとして軽んじられていたことなど、どれもうなずけるものばかりですが、そこでもこういう指摘があるんですね。

「陸海軍間の円滑な連絡が欠けて、せっかく情報を入手しても、それを役立てることが出来なかった」

互いに仲が悪くて、メンツや自己保身に汲々としている組織が非常時に直面したとき、それは改善されるどころの話ではないのだということです。隠したり騙したりと、より悪い方に向かってしまい「力を合わせる」ことができずに失敗していくという、冷厳な事実を突きつけているのではないでしょうか。

台湾沖航空戦からレイテ決戦に至る過程を、私たちは単なる過去の悲劇として片づけてはいけません。日本人が組織をつくるとき、そういう隠ぺいやごまかしによって取りかえしがつかないような結果を生むということが再び起こるかもしれない……。そのことを、肝に銘じておく必要がありそうです。

前にもお話ししたように、昭和二十年に入ってからの太平洋戦争の推移は、日本が敗戦に至る道を直線的に進んだといっていいでしょう。とにかく本土決戦によって活路を開くというだけで、その過程で行われた硫黄島作戦や沖縄作戦にしても大本営の作戦参謀はなんら有効な手を打つことができないまま、徹底的に戦えというだけでした。

それぞれの戦場で兵士たちは全力をあげて戦いましたが、むろん圧倒的な物量差によって一定の時間を経れば敗れるというかたちになります。こうした事実を、昭和二十年からは幾つも指摘することができるのです。

その事実は、たったひとつのことを教えています。国家は国民の生命と財産を守るのが最大の目的であるはずなのに、戦時指導者たちはその目的を根底から破り、逆に国民に生命と財産の一切を提供しろと一方的に命令したということです。フィリピンの戦闘で亡くなった兵士たちにしても、大本営の戦争指導の誤りがなかったら戦死しなくてもよかったはずです。

そのことに思いを馳せる度に、僕は太平洋戦争の真の姿を日本人はもっと知らなくてはいけないと、何度も強調したくなるのです。

「降伏」期を象徴する沖縄戦

さきほど、太平洋戦争を二十六の個々の戦闘に分けて考えてみるべきだと言いました。

この二十六のうち、最後の五つ（ルソン決戦、硫黄島作戦、沖縄作戦、広島・長崎への原爆投下、対ソ連戦）の戦闘は昭和二十年に入ってからのものです。同年二月の硫黄島作戦、それに六月の沖縄作戦などで日本の軍事力はほぼ解体し、とても戦争の体をなす状況ではありませんでした。

昭和二十年二月以降は、さきの五つの区切りに従えば「降伏」という語に収れんされる期間だと僕は考えています。要するに、昭和二十年に入った段階でもう、日本はいつ降伏してもおかしくなかったということです。降伏することは軍事指導者にとって受け入れがたい現実でしょうけれど、国民の立場からすれば軍人のメンツのためだけに戦争を続けられるなんてたまったものではありません。

「降伏」期における象徴的な戦闘として、沖縄戦の特異性について触れておきたいと思います。

まずは沖縄戦が行われるころの軍の状況を知っておく必要があります。昭和二十年三月、四月の段階で、日本海軍にはアメリカ海軍と艦隊決戦を行えるだけの戦力はありませんでした。戦艦大和などは健在だったものの、もはや残存艦艇という位置づけで、決戦どころか壊滅状態といったほうが正確です。そもそも戦艦を動かす燃料の重油すら満足になかったのです。

航空機にしても、性能や数でアメリカ軍機とまともに戦えるほどの力はありません。特にパイロットの犠牲が多すぎて、残った熟練パイロットは数十人程度のほんの一握りに過ぎず、これで戦えというほうが無理な状態でした。

沖縄の守備にあたったのは、牛島満司令官（中将）率いる陸軍第三十二軍を主力とするおよそ八万六千人と、後の「沖縄県民カク戦ヘリ」の決別電報で知られる太田実司令官（中将）以下の海軍陸戦隊約八千人という陣容でした。

つまり沖縄にやってくる、機動部隊や航空機も含めた陸海空一体のアメリカ軍に対して応戦できるだけの兵力はなかったのです。日本の軍事指導者の発想は、ただただ搭乗員の体当たりによる大がかりな特攻作戦で掩護すると。そして上陸してきたアメリカ軍との陸戦は第三十二軍と海軍陸戦隊に踏ん張ってもらい、その能力を発揮したと評される戦いにしてほしいというものでした。

「幻想の世界」にすがる大本営作戦部

フィリピンを制圧したアメリカ軍は次にどこにやってくるか。フィリピンから日本列島を眺めれば、まず台湾があり、そしてその先に沖縄本島を含めた南西諸島が日本の本土へと連なっています。沖縄守備軍の参謀などは、アメリカ軍は台湾よりも沖縄を目指してくると読んでいました。アメリカ軍の作戦行動を観察していればそれが太平洋を島づたいにやってくる「飛び石作戦」であることは明白で、フィリピンの次は台湾を飛び越えて沖縄にやってくるだろうと予測していたのです。

ところが沖縄の守備について、大本営の参謀はきわめて甘い見通ししか持っていませんでした。第三十二軍の将校たちは当初、兵力不足と守備態勢が十分に整っていないことを不安視して、大本営に早く対応策を考えてほしいと訴えていたのです。ところが大本営作戦部長の服部卓四郎は「沖縄にはそれほど多くの地上兵力を必要としない。わが軍の中部太平洋の島々における守りは難攻不落の東條ラインによって守られている。これが突破されることなどまったくない」と、これまた楽観的なことをいっていたのです。

しかも、さる現地軍参謀の戦後の回想から言葉を借りれば「机上の空論」として大本営は台湾と沖縄の守備を一括りで考え、沖縄の第三十二軍を台湾の第十方面軍の指揮下に入れておまけに沖縄にいた三個師団の一つを台湾へ引き抜いてしまうんですね。さらにその補充のはずだった第八十四師団の沖縄への派遣を、大本営の作戦部長が中止してしまうのです。情勢判断の誤りは日本軍のお家芸とはいえ、戦いの前から沖縄守備軍はこうした中央の判断ミスによって不利な状況に追いやられていたのです。

ご存知の通りサイパンやテニアン、グアムは優勢なアメリカ軍の前に次々に守備隊が玉砕し、フィリピンではこの戦争の天王山であったはずのレイテ決戦に敗れ、日本軍兵士らは北部ルソン島の山中に追われることになりました。さきの服部が誇らしげに語った「鉄壁の東條ライン」などすでにどこにもなく、根拠のない楽観を飛び越えてもはや「幻想の世界」でしかなかったのです。

沖縄戦とは、そのような幻想がすべて崩壊したあとの「現実」というべきものでした。降伏することで戦争の終結をはかるしかないのに、それを決断できずにズルズルと戦争を長引かせた政治・軍事指導者たちの不作為がどれだけ国民の犠牲を大きくするのか。それがあの沖縄戦の一つの本質であったと僕は強く思うのです。

ゆらぐ沖縄守備軍の持久方針

さて、ここで簡単に沖縄戦の様相をスケッチしてみたいと思います。アメリカ軍はS・バックナー中将を総指揮官とする陸軍・海兵隊のおよそ二十三万人におよぶ将兵と、その数なんと千五百隻という海軍力をもって着実に沖縄へ近づいてきました。はじめに慶良間列島に上陸し、それから沖縄本島へと兵力を進めてくるのです。

この強大なアメリカ軍に対して日本軍が採った戦法は持久戦でした。アメリカ軍の上陸に対してすぐに反撃しようものなら、自軍の位置が容易に知られて何倍も優勢なその戦力で一気に潰されてしまう危険があります。ですから日本軍は主力の第六十二師団が控える洞穴近くまでアメリカ軍兵士を誘い込み、沖縄の地形を利用しつつ反撃する方針でした。そうすることで、沖縄での戦いを長期化させる狙いがあったのです。

実際のところ、この作戦は大本営の作戦参謀の指示というより、現地軍の参謀たちの考えたものでした。大本営には沖縄について深く知る作戦参謀がおらず、現地に適した作戦についての具体的なイメージはありませんでした。

ところが四月一日、沖縄本島の中西部海岸にアメリカ軍が上陸を開始すると、大本営と現地軍との間には亀裂が生じはじめます。

アメリカ軍は日本軍からの砲撃を一切受けることなく続々と上陸し、それがあまりにも意外だったのでエイプリル・フールではないかと訝ったというエピソードがあるほどです。こうしてアメリカ軍は日本軍の抵抗を受けずに読谷と嘉手納の日本軍飛行場をすぐに占領してしまいます。その意味で無駄な抵抗はしないという現地軍の方針は徹底したものだったのです。

これに慌てたのが大本営でした。沖縄への米軍上陸の二十日ほど前の三月十日には、帝都・東京がB29の大編隊による無差別空襲を受けておよそ十万人の死者を出したいわゆる東京大空襲がありました。東京だけでなく全国の都市が空襲を受けている状況下で、沖縄の飛行場がアメリカ軍に落ちればあらたな本土爆撃の拠点として使用される恐れがある……。以後、大本営は沖縄の第三十二軍に早く攻勢をかけるよう度重なる催促をはじめるのです。

目的を雲散霧消させた官僚主義

でも攻勢に出れば優勢なアメリカ軍に圧倒されていたずらに将兵を犠牲にし、戦力の損耗を早めてしまうからということで、じっと我慢の持久戦をやっていたはずなんですが。ところが現地軍内部でもそこが徹底されていなかったために、次第に持久戦派と攻勢派に分かれて司令部内でも対立が深まっていくのです。最後は攻勢派の長勇参謀長が持久戦派の筆頭格だった八原博通参謀の手を握って涙を流しながら「一緒に死のう」と……。なんとも日本的というべき、情緒的な世界で現地軍はそれまでの持久戦から攻勢に転じるんですね。

多くの戦史はこのことについて、次のような書き方をしています。

「しかし、命令は絶対である。長参謀長は全軍で飛行場奪回をはかることを決め、牛島軍司令官はそれを承認した。第二十四師団長雨宮巽中将、第六十二師団長藤岡武雄中将が相次いで本部にきて、この命令を受けた」

かくして決行された総攻撃は危惧された通りの失敗に終わり、戦力をすり減らした日本軍はもはやゲリラ戦による散発的な抵抗以外になすすべがなくなったのです。沖縄での長期持久でアメリカ軍による本土への侵攻を遅らせるという本来の目的、戦略を日本軍はなぜ、早々と放棄してしまったのでしょうか。

まず、中央の陸海軍間で沖縄戦の位置づけが異なっていたという背景があると思います。後の本土決戦のための時間稼ぎをしたい陸軍に対して、もはや艦船の大半を失っていた海軍は特攻作戦による最後の決戦場だと、沖縄戦を捉えていたのです。ですから海軍からすると、連日生還の見込みがない特攻機をこれだけ沖縄に送り出しているのに現地の陸軍は何をやっているのだ、隠れてばかりでちっとも総攻撃をやらないじゃないかとなる。そういう批判が陸軍内部からも出てくるに至り、一種の日本的な「空気」がそもそもの戦略を押しのけて、現地軍に総攻撃をかけろという大本営からの命令につながっていった……。

こうした中央の陸海軍間の亀裂に大本営と現地軍の間の亀裂が絡み合い、そこに大本営の命令に抗することができないという組織上のタテマエが前面に出てきた結果がこの沖縄戦だったということではないでしょうか。本来のプロジェクトの目的が、この国の官僚主義の悪しき慣習によってどこかに消えてしまい、最悪の結果へと落ち込んでいく。そんな構図があの戦争の最終局面だった沖縄戦で如実に現れている気がするのです。

誇大に見積もられた特攻の戦果

五月から六月にかけ、沖縄では何の成算もないまま、地上戦だけは続行されました。住民を巻き込んでのこうした戦闘は、単に「悲惨」というだけでなく、メンツのみを考えた軍事指導者のために演じられた一種の「儀式」だったといってもおかしくはありません。

旧制中学などの少年らによる学徒兵・鉄血勤皇隊までが守備にあたっていた摩文仁の司令部壕で、牛島司令官、長参謀長らが自決したのが六月二十三日。現在も沖縄戦の「慰霊の日」とされているこの日をもって、沖縄での組織的な戦闘は終わりました。

この戦闘で展開された海軍の特攻作戦（菊水作戦）にも触れておかなくてはなりません。沖縄戦には陸海軍あわせて二千機以上の特攻機が投入され、あの戦艦大和も海上特攻の一員として出撃します。沖縄までこの大和が行けるのか否か、それに莫大な国家予算を投入したこの戦艦を単に特攻兵器のように扱っていいのか、様々な論議が当時なされたことはすでに多くの資料に書かれてきました。

結局、大和は「一億総特攻のさきがけである」との連合艦隊参謀長、草鹿龍之介の言により、柱島からの出港が決まるんですね。こうした場面は戦後、それぞれ極めて情緒的に語られてきたように思います。日本海軍の象徴だった世界最大の戦艦が悲壮な特攻に出ていく物語は日本人の琴線に触れるものがあるのでしょうけれど、日本人がつくりあげたテクノロジーというものがどうして最後はこのような使われ方になってしまったのか、そこをもっと冷静に考えるべきではないかとも思うのですが。

実際のところ、九州各地から飛び立っていった特攻機による攻撃は、アメリカ軍艦船の強力な防御の前にほとんど実質的な戦果を残せませんでした。ところが海軍指導部は、この戦果すらもかなり誇大に見積もっていたのです。昭和二十年六月一日の段階で、特攻による戦果は「撃沈大破・正式空母十一ないし十二、護衛空母十三ないし十四、戦艦五、巡洋艦二十九、駆逐艦九十二、輸送船七十五、掃海艇三十二、型不詳百二　中小破は二百十一」というものでした。

作家の三好徹は、「台湾沖航空戦の過大戦果もひどかったが、これもひどい錯覚である」（「絶望の抗戦・沖縄本島の死闘」『歴史と旅　実録太平洋戦争』平成六年臨時増刊）と記しています。まさにその通り。このような数字になった背景には台湾沖航空戦のところでお話しした事情のほかに、戦果があったことにしてやろうという特攻を命じる側の意識や戦意高揚など様々な要因があったといえるでしょう。

沖縄戦を「本土決戦」と考える歴史的意思を

でも、それも僕は指導者たちの「歴史観のなさ」によるものだと言いたいのです。戦争が終われば、その数字がいかに事実とかけ離れているかはすぐにわかることです。死んでいった特攻隊員たちだって、ウソの戦果を発表してほしいなどと思わなかったはずです。その意味で、このような数字をつくりだすことがどういう理由であれ、国民のみならず特攻隊員たちをも愚弄する結果になるということに思いを致さなかった海軍の指導部には重い責任があるのです。

沖縄戦では県民およそ十万人が戦死しています。なかには日本兵に殺害されたり、自決を強要された人たちもいます。こうした非戦闘員の死を、二十一世紀に生きる私たちはどう考えるべきか。

沖縄戦とは、言うまでもなく「本土決戦」だったのです。もちろんなかには沖縄戦を本土決戦だと捉えない解釈もあります。あの戦争で本土決戦がなかったことで犠牲が最小限にとどめられた、などということを平気で口にされる方が時々おられますが、僕はそのような言い方には必ず反論してきました。そういうことを言い出した人たちに対して、僕が叱りつけたことがあったくらいです。

その程度の認識で、「日本軍は立派だった」とかいう人たちがいるのですから。それはもう、度し難い軽卒と不勉強というほかありません。

沖縄は終戦後もアメリカ軍の施政下にとどめられ、昭和二十七年四月の講和条約をもって日本が独立を果たしたときも、その位置づけは変わりませんでした。沖縄の人々がそれを祖国による裏切りと感じ、「屈辱の日」と呼んだのも当然の心情だと僕は思います。講和条約と戦後日本のあり方についてはこの後の第二部でお話するつもりですが、日本に返還されてもなお米軍基地の多くが沖縄に集中している現状を見るにつけ、「歴史的意思」なき政治・軍事指導者の行為がこれほどまで長く沖縄の人々を苦しめてきたこと、その歴史的禍根の大きさを思わずにはいられません。

「本土決戦」そのものであった沖縄戦にひそんでいる日本社会の病。そして冷静に現実と向き合おうとせず、辛くて失うものが大きくても人間らしい道を選択するという判断がこうした状況で停止してしまう怖さが、今も私たちの社会にはあるのではないでしょうか。

昭和二十年六月以降の個々の戦闘が、まさにそのことを裏づけているのではないか……。そう、胸に刻んでおきたいと僕は思うのです。

第5章

あの戦争を新視点で考える ナイフとフォーク

原発の補償問題と軍人恩給のこと

これまでいささか駆け足ながら、あの戦争中に起こったいくつかの戦闘をとりあげてそこに生じた組織やシステムの障害とはどういうものだったのかを見てきました。

原発事故の補償問題をよく新聞などで拝見します。強制的に避難させられることになり、家や仕事を失った人たちとその家族、放射能汚染の風評被害に苦しめられる人々がその対象ですが、時間がたつにつれ、補償対象の線引きなどから様々な不公平感も生まれてきているとも伝えられます。

そんなニュースを聞くと、どうしても太平洋戦争の戦後補償の話を思い出してしまうのです。古い世代だからなのかもしれません。

あの戦争に従事した軍人に対する恩給制度というものがあります。いわゆる軍人恩給ですね。制度自体は古くて台湾出兵などをきっかけに明治八年に発足、現行の恩給法は大正十二年に施行されたものです。戦後にＧＨＱの指示でいったん廃止されますが、日本が独立を回復したのちの昭和二十八年に再び復活します。職業軍人はもちろん、赤紙で徴兵された人たちも一時的に国家公務員だったわけですからその対象で、一定期間勤務したり、勤務中に傷病者となったり死亡した場合に本人や遺族が恩給を受け取れるという国家補償の一種なんですね。

二〇一三年で恩給受給者はおよそ六十三万人（総務省調べ）ほどいらっしゃいます。

この軍人恩給にも、実はとても大きな矛盾が含まれていたんです。僕はたまたま軍人軍属恩給欠格者全国連盟（以下、軍欠連）という、制度上の線引きによって恩給がもらえない人たちがつくる団体のことを知り、取材したことがあります。

まず軍人恩給の支給基準をお話ししますと、恩給を受け取れるのは合計で十二年間以上戦地に赴任した、というのが条件なんです。ただその計算の際に、戦地加算という方式があるんですね。つまり、激戦地に行っていた兵士と国内の基地にいた兵士が同じ条件だったら不公平感が出てくるでしょうから、例えばニューギニア戦線に参加していた場合は一日を三日分として加算しましょうと。そうやって当時の大本営の作戦命令で展開した地域を戦闘の程度でランクづけし、算出の根拠にしたのです。

実はここに大きな落とし穴があったのです。例えばある部隊の兵士が命令を受け、どこそこにいる別の部隊に連絡するため向かったとします。ところが、着いてみたら自分の部隊のいる地域に敵が押し寄せてきて帰るに帰れなくなり、そのまま留まることになってしまったと。そうしたケースの場合、戦時加算はされないのです。また、開戦前から終戦後まで徴兵で動員され、戦時加算を加えたら十一年十一ヵ月だったという元兵士には、たった一ヵ月足りないばかりに恩給が支給されないというケースもあったといいます。

しかも官優遇のような仕組みで、戦後に公務員になった人には十二年に満たなくても自動的に加算されて公務員共済でカバーされるのです。ところが民間で働きだした人はダメ。そうやって様々なケースで十二年に満たない人たちがこれは理不尽だといって団体を立ち上げ、十二年という基準を緩和してくれるよう活動していたのです。でも国の反応は、十二年を十年にしたら今度はそれに満たない人から不満が出てキリがなくなる、というものでした。

補償に必要な思想

軍欠連の人たちにしてみたら、同じ戦地で戦った仲間の間で恩給が出たり出なかったりしたことがどうしても不合理で許せないんですね。それはもはやお金の問題ではなく、国の命令で危険な戦地へ行かされ、補償が何もないというのでは我々は消耗品だったということか、という問いかけでもあったのです。

僕自身、この問題を調べたりして、今でも納得がいかないのです。というのは、こうした矛盾の元を正せば、一握りの大本営作戦部の人間が差配したことの結果です。彼らが立てた作戦の問題、責任という視点は一切無視されて、戦前の法体系を根拠にしたまま恩給の格差も成り立っているのです。

これに似たケースとして空襲被災者への戦後補償問題があります。戦争末期、アメリカの本土空襲や原爆で多くの一般市民が命を落としました。原爆被爆者の方々には被爆者援護法に基づいて各種の補償が行われてきましたが、一般の空襲被災者には補償がなかったんですね。

最近、東京や大阪など空襲被害が大きかったところで補償を求める裁判が提起されてきました。東京大空襲訴訟は一審、二審とも原告敗訴で最高裁に上告していましたが二〇一三年五月、最高裁が上告を棄却して原告団の敗訴が確定しました。

裁判所の論拠は「戦争被害受忍論」というものです。つまり、戦争という非常時においては国民のほぼすべてが被害を受けているのだから、みんな等しく受忍しなくてはならないという論理です。

僕には、軍人恩給のなかの矛盾、この裁判に流れる論理などの背景に、あの戦争は日本人みんなが悪かったんだという、一種の一億総懺悔的な発想が横たわっているように思えるのです。

それは裏返すと、本質的な責任の追及を放棄しようという姿勢に通じているんですね。ただ戦争責任という漠然とした捉え方ではなく、あの戦争を始めたときの責任、そして早期講和への努力をすることなくあれほど犠牲者が出るまで戦争を継続した責任など、より具体的に「あの戦争は何だったのか」という視点から、日本人自身が厳しく査定しなくてはいけなかったんです。

でも戦後、私たちはそれをきちんとやらずにきてしまいました。言い換えれば、責任と補償というものをどう捉えるかという私たち自身の哲学、思想をつくっていく努力を忘れてきた、ともいえるのではないでしょうか。

正義と平和は一体か

今や、あの戦争は同時代史から歴史へと移りつつあります。同時代史として捉えてきた視点は古くなり、歴史としてあの戦争を捉える、新しい視点がこれからは求められます。たとえるなら歴史というお皿の上にあの戦争を置いたとき、私たちはどんなナイフとフォークを手にしてそれを切り分けていったらいいのかということですね。

そこで僕がまず「ナイフ」として提示してみたい視点は次の四点です。

① 正義と平和
② ヒト・モノ・カネ

③　戦場の細分化

④　戦争の傷

戦争というものを俯瞰して考えてみると、そもそも戦争はなぜ起こるのかということがあります。

とてもシンプルにその問いに答えるならば、自分たちにとっての「正義」が「平和」よりも優先されるとき、戦争を起こすんですね。例えば太平洋戦争は日本がアメリカやイギリス、オランダなどに対して起こした戦争でしたが、それは当時の日本にとって、彼らと平和な関係を維持することよりも、日本の正義が優先されるべきだと判断して起こされた、ということになります。

もちろん戦争という手段を国家が選択する場合に、平和的な政治的、外交的手段に失敗したという側面もあるはずです。外交交渉などが稚拙だったために、結果的に戦争を起こす側に追い込まれてしまうケースですね。このことは太平洋戦争を考えるときに重要な意味を持っています。

逆に「平和」が「正義」に優先すると、戦争は起こりません。国益と国益がぶつかって互いが正義を主張するとき、相手方の主張する正義を受け入れて自らの「不正義」を受忍しても「平和」を優先すべきだと判断すればそうなります。

戦後の日本人はこの「正義と平和」をイコールの関係、すなわち平和と正義は不可分一体のものだと考えてきました。なぜなら、国家的な正義を実現する軍事的な手段としての戦争を放棄しているのですから。

普遍化しなかった日本の正義

ところが近年、日本人はかつてない「正義」と「正義」のぶつかり合いという現場に直面しています。例えば領土問題ですね。中国や韓国、ロシアはそれぞれ自分たちの正義、正当性として尖閣諸島や竹島、北方領土は自国のものであるといっています。それは違うだろう、どれも日本の領土であって、あなた方が領有権を主張すること自体がおかしいじゃないか、というのが日本の正義です。

でもここで気をつけなくてはいけません。尖閣での一連の中国の動きはとてもわかりやすい、帝国主義的な手法に基づいています。要するに小出しに挑発してきて、日本が右傾化してあわよくば一発の爆弾でも落としてくれればいい、ということなんです。

日本人は同質的な国民性だから、中国のやり方にどうしても国民一丸となって激昂してしまうクセがあります。でも、それが相手の思うツボなのです。

こういうときこそ、歴史に学ぶべきなのです。例えば、今の状況はかつての日中戦争の経緯が参考になります。参考になるというより、日中戦争のときと一緒なんです。

西安事変の後に起こった盧溝橋事件がそうです。これは日本軍の陰謀とされていますが、相手を挑発する術が中国はさすがに老獪で上手です。尖閣などはまさにそうで、日本の反中ムードに押されてもし自衛隊のなかの一部が領海に侵入してきた中国船に一撃でも加えようものなら、彼らにとっては「待ってました」なのです。

そしてかつての連合国であるアメリカやイギリスに、ほらごらんなさい、日本はまた我々に挑戦しようとしてるじゃありませんかと。こうやって彼らの「歴史」の文脈のなかに巻き込んでいく、中国のやり方が目に浮かぶようです。歴史を戦略的に上手に使う中国と、それが下手な日本という構図です。

確かに、正義に対して平和が優先され続けると道徳の腐敗が起こるという哲学的な指摘もわかります。でもここで大事なのは、かつて日本が平和よりも正義を優先させて起こした戦争について、日本の正義が諸外国に広く理解されて普遍化されなかったのはなぜなのかということだと思うのです。

日中戦争の日本の正義は「支那（中国）を善導する」というものでした。〈グレてしまった悪い兄（中国）を弟（日本）が泣きながら殴っているのだ。でもその悪い兄に悪い仲間（欧米）

がついて、日本の善導を邪魔しようとする……〉。庶民的にはそういう理解でした。先ほどの盧溝橋事件あたりからは「暴支膺懲」、暴虐なる支那を懲らしめるという意味のスローガンが打ち出されるようになります。

太平洋戦争の開戦詔書にもこのような「日本の正義」が記されていますが、どうしてそれらが普遍性を持ちえなかったのか、尖閣問題で頭をカッカさせる前にそのことをもう一度よく考えてみる必要があると思うのです。

経済から戦争を捉える視点

もう一つの視点が「ヒト・モノ・カネ」です。これは主に経済面からあの戦争を考えるという意味ですね。

終戦後、アメリカからあらゆる分野の専門家を動員した戦略爆撃調査団というチームがやってきて、日本の軍事から産業、経済に至る様々な実情を分析し、自国が行った戦略爆撃が日本の国力にどういうダメージを与えたのかを事細かにまとめてレポートにしています。その一部が昭和二十五年に『日本戦争経済の崩壊』(日本評論社)として訳されていますが、開戦当初の日本の経済がどんなものだったのか、次のようにまとめています。

「戦争初期の日本の経済動員を決定したものは、結局三〇年代に成し遂げられたところの経済的膨張と、すでに日本の経済が戦争の要求に応じられるように機能していた度合とであった。総力的経済動員の徹底した計画を立てることは不必要なようにみえた。短期戦を考えており、緒戦に於いて得た日本の有利を重大視していた日本の立案者等は、長期の消耗戦との関係に於いて日本の経済能力を考慮することをしなかった。彼等はただ目前の戦争計画についての経済的必要量を検討したにとどまり、生産の全体水準を引き上げる計画を立てようとしなかった。彼等が計画したのは日本の経済で明らかに不足している数種のものを補充することと、作戦軍の補充需要を少し上回る程度の供給をすることを出なかった」

要するに、日本はやれ長期不敗態勢の確立だの、国家総動員だのといいながら、その実は長期戦を勝ち抜く経済的なプランすらないまま戦争に入っていったと指摘しているわけです。こういう視点で当時の日本があの戦争にどれだけのヒト・モノ・カネを注ぎ込み、最終的にどういう収支になったのか、ということを考えてみるのも必要ではないかと思うのです。

でもこれがなかなか大変で難解な作業なんです。僕も以前、戦艦大和の沈没が一体どれほどの損失だったのか、その建造費から燃料費、亡くなった乗組員たちの遺族に支払われる死亡手当などを現在の物価にして計算してみたところ、低く見積もっても東京スカイツリーが二つ建つほどのものになりました。こうやって太平洋戦争の個々の戦場で発生した人的物的損失を数値化してアメリカのそれと比較しながらトータルで見たときに、あの戦争の違う側面が浮かび上がってくるのではないかと思うのです。

難しいといったのは、例えば戦艦大和の沈没が東京スカイツリー二つぶんの損失だったとしても、そこで培われた建艦技術が戦後の造船業に貢献するという部分も考慮する必要が出てくる点です。ですから、明確な方程式がいまだに見つからず、恥ずかしながらそこで止まってしまっている状況です。

アメリカのポール・D・ホーストという経済学の専門家がまとめた『戦争の経済学』（バジリコ）という本が二〇〇七年に翻訳されていて、これは戦争をひたすら経済学として捉え直した面白い内容です。例えば、戦争というのは第二次世界大戦ぐらいまでは勝つと収支的にプラスになるものだったそうですが、それ以降は戦争の形態の変化もあって勝っても赤字になってしまうようになったそうです。二十世紀後半のベトナム戦争などがその典型と言えるでしょう。

原発にしても、こういう視点で損益をきちんと計算する必要がありそうですね。いったん今回のような事故を起こしてしまうと、補償費用や廃炉にかかるコストを割り引いても見合うものなのかどうか。過去を冷徹に分析する姿勢がなければ、今回の事故の結果についてもあいまいにしてしまう恐れが日本人にはありますから。

研究すべき「兵隊の幽霊話」

そして三つめが「戦場の細分化」。これは真珠湾攻撃から始まる、三年八ヵ月の戦争で起こった戦闘を個別に分析していく試みです。今回お話ししてきたのも、この視点を踏まえています。

個々の戦闘というのはそれぞれが国家の意思と意思のぶつかり合いです。そしてその集積が結果として戦争の勝敗を決めるのです。個別の戦闘をプロジェクトとして考えれば、今や未来の社会、企業にも起こりうる事例として生かしていくことができるのではないでしょうか。

なにしろ日本人のプロジェクトは、その計画・起案の段階から最終的な総括まで、いつの時代も同じプロセスをたどる危険性がありますから。

最後に挙げたいのが「戦争の傷」というテーマです。被害者の側の傷はもちろんですが、どちらかというとこれまで加害者の側の心の傷という点が見過ごされてきたように思うんですね。

僕がこれまでいろいろな戦場体験を聞いてきて、いまだに心の隅に引っかかっていることがあります。それは、幽霊の話なんです。いきなり幽霊などと聞くと、笑う方もいるかもしれませんが。

例えばアッツ島で玉砕した山崎部隊は北海道旭川の二十八連隊の所属でした。僕も北海道の生まれですから、この連隊の兵士で生を長らえた方々と親しくさせていただきましたが、顔面蒼白の山崎部隊の兵士たちが行進しながら旭川の原隊のところに戻ってきたのを見たとか、彼らが軍靴を踏みならしながら歩いてくる音を聞いたという話を真顔でするのです。見たのは戦時下、もちろん玉砕の後のことだそうです。

前線で死んだ兵士らの幽霊を見たという話は実はかなり多くて、特に玉砕した部隊にはかならずといっていいほど幽霊話が残されているほどです。あの黒澤明監督が撮られた『夢』という映画にも死んだ兵士らが幽霊になって戻ってくるシーンがありますね。

アッツ島には、同じ連隊の人たちが戦後、山崎部隊の遺骨収集に訪れています。そのときに撮った島の写真を僕に見せて、ある元兵士の方が「ほら、この林のところで兵隊が手を振っているのが見えるでしょ？　これ、戦友ですよ」と、これまた真顔で説明してくれました。僕にはただの影にしか見えないのですが、彼はそれが現地で玉砕した兵士だと信じてやまないのです。

今までこの類いの話はまともに扱われてきませんでした。僕だって幽霊を信じているわけではありませんが、我々が見過ごしてきたこういう話も心理学的に分析する必要があるんじゃないかと思うのです。そこには、兵士たちがあの戦争で抱えていた不満や追悼の念、生き残ってしまったことへの負い目など、様々な深層心理が影響しているはずです。

そのことを、私たちはもっと思いやるべきではないでしょうか。

再び「特攻」を繰り返さないために

また船橋さんの『カウントダウン・メルトダウン』からの引用になりますけれど、原発事故後、原子炉を冷却するための放水が行われました。ただ、周辺は放射線量が高くて、年間にこれまでと決められている放射線量基準にすぐに達してしまうと。早く冷却しないと原子炉が危ないが、線量が高すぎて人を送り込めない……。そこで浮上したのが、自衛隊員の志願者によるヘリ放水だったそうです。国際放射線防護委員会による人命救助の際の基準を援用して、線量基準を無制限とする志願制が政府で検討されたんですね。

そのとき、防衛省の高官は次のように志願制導入を否定したそうです。

「もし、志願制を導入して、誰も志願しないとなれば、意気地なしの組織と批判される。志願者を顕彰すれば、特攻隊のように空気というか社会的圧力で強制することにもなりかねない。爆弾三勇士のようなのが出てくると困る……」

僕はこのくだりを読んで、ああ、こういうところにあの戦争の教訓が生きているんだなあと感慨を強くしました。究極の状況の中で、日本人自身の歴史がブレーキをかけたんですね。あの戦争を知らない世代のはずの防衛省高官にもなかなか大した人がいるものだと見直しました。

軍隊というものは本質的に、お国の一大事というときに働きたいものなのです。尖閣問題が起こってから、海上自衛隊内でもその管轄での勤務を希望して配置転換を求める自衛官が増えているという話を聞いたことがありますが、これも同じ心理です。だからこそ、なおさらあの戦争というものをもう一度、きちんと考えておかなくてはいけないんですね。

さて、これら四つの視点がナイフなら、今度は「フォーク」が必要です。それは次のように考えたらどうでしょうか。

A　あの戦争は誰が決定し、誰が継続したのか（責任体系）
B　戦争の終末点はどこにあったのか
C　戦争の勝利をどう認識していたのか
D　当時の国民はあの戦争をどう考えていたのか
E　政治指導者たちはあの戦争を歴史上にどう位置づけていたのか

これらのナイフとフォークを手にしながら、今回はいくつかの戦闘において現れた日本の組織、システムに関する事象を取り上げてみました。これはささやかな試みで、論を深めていくにはまだまだ足りないところがあるのは承知しております。

これからあの戦争を歴史の教訓としていくのは、平成生まれの若い人たちです。昭和という時代がジメジメして暗い、昔の話のように映るのは仕方ありませんが、何千人という昭和の若者が特攻隊員として命を落とした歴史的事実があるからこそ、原発事故に際して、被ばく線量の制限を超えて命と引きかえの放水〝特攻隊〟を躊躇することができたのだともいえるのです。

過去の歴史はすべて現在に生きています。いや、生かさなければならないのです。そんな視点で是非、あの戦争から教訓を引っ張りだしていってほしいというのが僕の願いです。

第二部　昭和の独立

第6章

戦後日本のはじまりを知る

——「独立」への道と吉田茂

「新しい日本の発足」

昭和二十七年（一九五二）四月二十八日。今どきの若者にこの日は何の日ですかと聞いても、おそらくほとんど人たちが「知らない」と答えるんじゃないでしょうか。

この日の午後十時三十分、サンフランシスコ講和条約の発効をもって日本が独立を回復し、国際社会に復帰したんですね。

ご年配の方々にはいわずもがなの話ですが、三年八ヵ月におよんだ太平洋戦争に日本は敗北し、今度は戦勝国である連合国によって約六年八ヵ月ものあいだ、軍事占領されることになりました。戦勝国からすれば、真珠湾攻撃からのおよそ十年間、日本は国際社会の一員ではなかったことになります。

占領下の日本は海外に外務省の在外公館もなく、国家の主権を失った状態にありました。ですからようやく日本が独立できたという喜びはひとしおでした。

「今日、四月二十八日、日本は六年八ヶ月にわたる永い占領下を脱して、独立日本として新生の日を迎えた。たれか国民として内心よろこびの躍動を覚えないものがあろうか」

この一文は、まさに講和条約発効の日の『朝日新聞』朝刊に掲載された社説の冒頭です。社説のお題は「新しい日本の発足」。文字通り、躍動感にあふれています。

この日の朝日新聞をめくってみると、三面には「これが『日本の姿』」という見出しの企画記事が載っています。読者の目を引く、もう一つの大きな見出しには「日本の国土は半減、人口二割増」。なんだかタクシーの深夜割増みたいな雰囲気ですが、要するに戦争と占領の空白の十年の間に、日本は世界からいろんな面で立ち後れてしまったよ、ということを分野別に数字で解説しているんですね。

その小見出しを拾い読みするだけでも当時の日本人の感覚が伝わってきます。例えば「文化」は「『質』はなお低調」とか、「生活」なら「やっと上り坂　更に量の充実を」、「交通」では「回復もう一息」、「人口」は「一流国なみになった死亡率」という具合です。面白いのは、生活水準や産業などが戦前なみの水準に戻ったかどうか、というのが当時の重要な目安になっていることですね。

一番躍動感にあふれているのはやはり社会面です。この講和条約発効、日本の独立という慶事を当時の日本人がどう祝ったのかを詳しくレポートしています。

例えば外務省はこの日、早朝から日の丸を庁舎に掲げたとあります。やはり占領下は独立国ではありませんでしたから、国旗も堂々と掲げられなかったんですね。熱海や松山市では夜の十時三十分、つまりワシントンの朝九時に国務省で講和条約の批准書寄託式が行われ、それをもって発効となったわけですが、その時刻にサイレンを鳴らして市民に知らせたり、京都や大阪、福岡などではお寺の鐘や祭り太鼓を鳴らしたりしたそうです。各地の駅ではホームなどで君が代が流され、列車のなかでは乗っていた中学生の団体客に車掌さんが「十時半をもって日本が独立しました」と報告した、というほほえましい一コマもあったそうです。デパートには国旗を買い求める人たちが殺到して、売り子さんの「こんなに売れたのは戦後の記録です」とのコメントが紹介されています。

とにかく全国各地で、日本の独立を祝う動きがあったということですね。

日米同盟と日本の保守

二〇一二年は講和条約発効から六十年、人間ならちょうど還暦を迎えたことになります。そんな節目の年は、政治の世界も大変めまぐるしいものでした。三年ほど続いた民主党政権は小沢一郎グループの離党もあってガタガタになり、野田佳彦首相は解散総選挙に打って出たものの、大敗して再び自公連立政権が誕生しました。

首相になった安倍晋三さんはご存知の通り、二度目の首相就任ですね。戦後政治史で、首相経験者が再び首相の座に返り咲いたのは、吉田茂以来のことです。奇しくも吉田は、講和条約締結時の首相でした。

僕は、講和条約発効から六十年の二〇一二年に行われた自由民主党の総裁選挙が強く印象に残っています。それは何かというと、総裁選に立候補したのは安倍晋三氏、石破茂氏、石原伸晃氏ら五名の方々でしたけど、この五名全員が「日米同盟の強化」を主張されていたことです。

もちろんその背景には、鳩山由紀夫首相が沖縄の在日米軍普天間基地の移設先を辺野古ではなく「海外、最低でも県外」としたことに端を発しているのでしょう。民主党政権が日米同盟を揺るがせたことが領土問題で周辺国から圧力をかけられる原因になったとする、まあ、民主党を攻撃したい意図が多分に含まれていると斟酌しますけれど。

確かに民主党政権時代、ロシアのメドベージェフ大統領が最高指導者として初めて国後島を訪問しました（二〇一〇年）。すると今度は韓国の李明博大統領が竹島を訪問（二〇一二年）して、日韓関係に緊張が走ります。

尖閣諸島でも、一〇年に中国漁船が海上保安庁の巡視船に体当たりする事件が起こり、一二年には香港の活動家らの上陸事件、さらに政府が尖閣諸島を国有化したことに反発する大規模な暴動やデモが中国各地で起こったことは記憶に新しいところです。

あらためて思うと不思議なんですけど、保守政党を自認する自民党の総裁選に出馬した人たち全員が「日米同盟強化」なんですね。本来なら「戦後レジームからの脱却」を標榜する安倍晋三さんのような方こそ、今なお続いているアメリカへの従属を解消する、と主張してしかるべきなのではないかと。そのうえで、靖国神社への参拝を正当化し、河野談話の見直しを言うなら大変筋が通っていると思うんですが。

なぜ独立記念日は制定されなかったか

占領下におかれた日本を早期講和に導くべく、強いリーダーシップによってサンフランシスコ講和条約を実現し、同時に日米安保体制と軽武装、経済優先という戦後日本のかたちをつくったのが、吉田茂（一八七八〜一九六七）です。東西冷戦が終わって国際状勢が大きな変化を遂げた今日でも、それは骨格として生き続けています。

でも安倍さんの主張のなかにある「ねじれ」を見るにつけ、吉田が敷いたレールは六十年もたって、耐用年数の限界を迎えている観を強くします。同時にこのままその上を走り続けて大丈夫なのだろうか、という一抹の不安も感じます。

そういうわけで、講和条約発効六十年をよい機会として、吉田茂という人物をひとつの軸としながら、新しい視点でそのときを語ってみたいと思います。敗戦、占領という状況におかれた日本人がどのように国際社会への復帰、独立を選択し、連合国との講和会議ではどのようなことが話し合われたのか。そして、日本が受け入れた講和条約と日米安全保障条約は、現在にいたる日本という国の歩みにどのような影響を与えてきたのか……。

それは単に歴史はこうだったという話ではありません。先ほど少し触れた領土問題にしろ、在日米軍基地や靖国参拝の問題にしろ、今現在日本が抱えている大きな問題の起源をさかのぼっていくと、どうしてもこの講和条約に行き着いてしまうのですね。また日米安保条約というかたちで、今なお日本はアメリカに軍事的にも強く依存する関係が続いています。ですから、そのことをもう少し吟味する必要があるのではないかと思うのです。

意外というべきか、この講和条約というものについて、日本という国の再独立という歴史的意味を検証してみようという意思がどうも日本人には薄いような気がいたします。どちらかというと昭和二十年の終戦の日が記憶の比重の大半を占めてしまって、昭和二十七年四月二十八日を意識することはあまりないんじゃないでしょうか。マスコミ報道などを見れば、それは明らかでしょう。

日本人の暦で考えても、例えば一日違いの四月二十九日、これは現在「昭和の日」という祝日になっていますね。昭和の時代においては天皇誕生日、つまり昭和天皇の誕生日でした。

例えば植民地にされていた国が独立を果たした場合、それが独立記念日というかたちで記念日にされるケースは多くあります。何十年、何百年も他国の支配下におかれていたことに比べれば、日本の被占領期間は六年八ヵ月に過ぎませんから、独立記念日として日本人の記憶にとどめようという国民的な合意が起こらなかったと考えることもできます。

現在、日本の建国記念日は二月十一日です。これは神武天皇が即位した日ということで、戦前では「紀元節」と呼ばれる祝日でした。紀元節は終戦直後、GHQによって国民の祝日から廃止させられますが、講和条約発効のころからもう一度この日を祝日にしようという動きが起こりました。そのときには、二月十一日ではなくて講和条約発効の四月二十八日にしたらどうかという意見も出ました。でも、結局二月十一日に落ち着いて、昭和四十一年に法律で制定されたんですね。

ちょっと見方を変えれば、日本人のなかに、敗戦そして占領、独立という忌まわしい記憶をできるだけ思い出したくないという無意識があったように思います。ひいては、戦争でアメリカに敗北し、独立を果たしてもなお軍事的、政治的にアメリカに従属しているという現実を意識したくない……。それが、四月二十八日が記念日化されなかった理由ではないでしょうか。

アメリカを恨まなかった占領下の日本人

このことは、日本がアメリカを中心とした連合国に占領されていた六年八ヵ月の期間をどう位置づけたかということにも関わってきます。占領期のことを調べていくとわかるのですが、日本人一般の受け止め方として、戦前・戦中よりも占領期のほうがかなりマシだったという意識がありました。戦争より平和のほうがいい……。そのことが、かなり影響しているんじゃないかと思うんです。

日本が戦争に負けた昭和二十年八月、北海道の八雲町というところに住んでいた僕は五歳の子どもでした。ですから八月十五日の玉音放送などはよく憶えていません。八雲には陸軍の飛行場がありましてね。それを接収するためだったんでしょう、終戦の年の暮れぐらいにアメリカ兵が大勢やってくるようになり、初めてそこでアメリカ人を見ました。

子どもは現金だから、アメリカ兵のジープにくっついていけばチョコレートやキャンディーをもらえるとわかると、付和雷同してわーっとついていく(笑)。でも僕は、親父に怒られるのが怖くて我慢しました。親父が旧制中学の教師でしたから。

あるとき、親父と僕、弟の三人で道を歩いていたらアメリカ兵のジープが通りかかって、何か英語で聞いてきたんです。親父が応対すると、そのアメリカ兵は僕ら兄弟に山盛りのチョコレートとキャンディーをくれました。まっ赤なパッケージの色鮮やかさが、今でも目に焼きついているほどです。

でも、それを味わうことはかないませんでした。アメリカ兵がいなくなると、親父が僕らの手からそれをふんだくって、川に投げ捨ててしまったからです。はからずも、僕は泣きました（笑）。

ですから僕の「ギブミー・チョコレート」体験はかなり貧しいものです。一度だけ、友達が拾ったのをこっそりわけてもらって食べただけ。それはそれは、この世にこんなに甘くてうまいものがあるのかという至福の体験でした。

昭和二十七年までの占領期、僕は小学生でした。入学したころはまだ旧制の国民学校のままで、「ちょうちょう」も「てふてふ」と習いました。途中で新しい学校教育法ができて今のかたちの小学校になるのですが、教科書もなくてガリ版刷りのプリントで勉強したものです。

戦前の名残で学校の敷地には二宮尊徳像や、天皇の御真影を収める奉安殿がありましたが、どちらも撤去されました。子ども用の唱歌に「これこれ杉の子おきなさい♪」という歌詞の「お山の杉の子」というのがあって、僕も好きでよく歌っていたのに、これも「歌ってはいけない」と。

この歌は昭和十九年に小国民歌の募集で一位に選ばれて、作詞家のサトウハチローさんが手を加えたものなんですね。歌詞の後半では父親を戦争で亡くした子どもを励ます内容になっていて、「兵隊さん」という言葉も出てくるので一転、戦後はタブー扱いされたんです。僕は今でも歌えますけど。

強く印象に残っているのが映画です。担任の先生に引率されてよく映画館へ行きました。映画の本編の前にニュース映画が上映され、アメリカが撮影した生々しい太平洋戦争の映像を見せられました。

日本の戦闘機が煙をはきながら墜落していくシーンになると、突然先生がパチパチと手を叩くんです。まあ僕らもそれにつられて手を叩きましたが、アメリカの戦闘機が墜落して手を叩くならわかるけど、どうして逆なのかと奇妙な感じがしたのを憶えています。後で考えると、先生の拍手は軍国主義日本が打倒されたことに対する賞賛のようなものだったんですね。

その先生ではないけれど、GHQによる占領政策がかなり巧妙だったこともあって、日本人には占領されているという実感が薄かったということがいえるんじゃないでしょうか。占領者であるアメリカへの憎しみ、反発よりも、その前の体制に対する反発のほうが勝っていたというべきか。また、日本人がそう思うようにGHQが巧みにプロパガンダを展開したとも言えますけれど。

占領下では相応に言論の自由がありました。もちろん抑圧されていた事実はあるんですが、終戦までの状況に比べたらましじゃないかと。そういう雰囲気のなかで、当時の日本人は昭和二十七年を迎えたわけです。

戦後日本の進路を決めた吉田内閣

吉田茂が戦後、どのように政界に登場したのかというところからお話ししましょう。日本がポツダム宣言を受諾した三日後の昭和二十年八月十七日、終戦処理のための東久邇宮《ひがしくにのみや》稔彦《なるひこ》内閣ができます。外相は重光葵《まもる》でしたが、九月の降伏文書への調印という大役を終えて辞任。そこで、後任に抜擢されたのが吉田でした。

日本が受諾したポツダム宣言を執行するべく、ダグラス・マッカーサー元帥を最高司令官とするＧＨＱ（連合国軍最高司令官総司令部）が設置されるのはその二ヵ月後の十月。東京の千代田区有楽町にあった第一生命館ビルに置かれます。

それ以降、連合国代表による極東委員会に諮られた政策をＧＨＱが日本政府に対して指令し、日本政府がそれを実施する間接統治形式で対日占領政策が進められていくんですね。二ヵ月あまりで東久邇宮内閣は総辞職し、続いて誕生した幣原《しではら》喜重郎内閣で吉田は外相を続投することになり、この間にマッカーサーとのパイプを築いていくのです。

幣原内閣のもとで昭和二十一年四月、戦後初めての総選挙が行われます。といっても新憲法が制定される前で大日本帝国憲法下での選挙でしたが、その結果鳩山一郎率いる自由党が第一党になります。

幣原率いる進歩党は第二党になってしまい、いよいよ鳩山内閣誕生かと思われたその矢先に、鳩山がGHQによって公職追放を余儀なくされてしまうんですね。それで後任として吉田の名が挙がり、昭和二十一年五月、第一次吉田内閣が発足するのです。

その後第五次吉田内閣が昭和二十九年十二月の総辞職で終わるまで、約七年に及ぶ吉田の首相在任日数は二七一六日。戦後の新憲法制定下で吉田に次ぐのは小泉純一郎氏の一九八〇日ですから、いかに吉田時代が長かったか想像に難くないでしょう。吉田内閣をざっと俯瞰すると次のようになります。

第一次吉田内閣（昭和二十一年五月～二十二年五月）
◎日本国憲法公布
◎教育基本法・学校教育法公布

第二次（昭和二十三年十月～二十四年二月）
◎極東国際軍事裁判でA級戦犯有罪判決

◎ＧＨＱの経済安定九原則
◎ドッジ・ライン

第三次（昭和二十四年二月〜二十七年十月）
◎公職選挙法公布
◎警察予備隊創設
◎サンフランシスコ講和条約調印
◎日米安全保障条約調印

第四次（昭和二十七年十月〜二十八年五月）
◎バカヤロー解散
◎日米友好通商航海条約調印

第五次（昭和二十八年五月〜二十九年十二月）
◎防衛庁設置法、自衛隊法公布
◎自衛隊発足

ちなみに第一次と第二次の間には、社会党中心の片山内閣、昭和電工事件で総辞職する芦田内閣を挟んでいます。

こうして見ると、新憲法に経済復興、東京裁判から講和条約に日米安保、自衛隊発足と、現在にいたる日本の枠組みが吉田内閣でほぼできあがったことがよくわかると思います。「バカヤロー解散」は余計でしたが、これも戦後の有名な内閣解散のひとつとしてしばしばマスコミで取り上げられます。

吉田が終生仰いだ岳父・牧野伸顕

僕は以前、吉田茂の評伝『吉田茂という逆説』(中公文庫)をまとめたことがあります。吉田はなぜ日米安保、軽武装、経済優先という日本の新しい路線を定めたのか、そして吉田を突き動かしていた信念とは何だったのか。膨大な資料と格闘しながら考えました。

あえて端的に言ってしまうと、吉田には四つの信念があったと思っています。まずは天皇への強い忠誠心です。それは同時代の昭和天皇個人に対するものというより、近代国家として出発した日本のあるべき姿への憧憬です。

それから自由民主主義の旗をかかげるイギリス、アメリカとの協調です。そして反共産主義があり、最後に忘れてはいけないのが戦前の軍部に対する強烈な嫌悪感ですね。つまり、日本は天皇をいただく国であり、戦前の軍部を排除しつつ、共産主義には組せず、英米と協調していく国であるべきだ……。老骨にむち打って二千七百日もの間、首相という激務をこなした吉田の原動力とはそういうことではなかったかと思います。

そのことを理解していただくためにも、ここで吉田茂の生い立ちを駆け足で振り返ってみましょう。

明治十一（一八七八）年、茂は土佐藩の重臣だった竹内綱と滝子の五男として東京で生まれます。竹内は自由民権運動に身を投じ、上京していました。

竹内の友人に吉田健三という福井藩士がいて、やはり自由民権運動が縁で二人は知り合ったんですね。吉田には男の子がいなかったので、竹内家で男子が生まれたら養子にもらう約束を交わしており、それで茂が生まれてすぐに吉田健三の養子に出されたのです。

健三は実業界に転じまして、横浜の英国船会社、ジャーディン・マゼソン商会でイギリス仕込みの商売を学びます。その後独立して海運業などを手がける実業家に成長するのです。茂は大勢の使用人がいる裕福な家庭で少年期を過ごすんですね。

健三は茂が十一歳のときに亡くなってしまうのですが、健三の膨大な遺産を受け継ぎます。二〇〇九年に火事で全焼してしまった神奈川県大磯町の旧吉田茂邸は戦後建て替えられたものですが、その広大な敷地もそのひとつなんです。吉田は東京帝国大学法科大学に進み、明治三十九（一九〇六）年、外交官領事館試験に合格、外交官としての道を歩みはじめます。

外交官になってすぐに、彼は牧野伸顕の長女、雪子と結婚します。牧野は大久保利通の次男で、岩倉遣外使節団の一員としてアメリカ留学を経験し、西園寺内閣で文部大臣、その後農商務大臣や外務大臣を歴任した政治家です。立憲政治、国際協調をモットーとし、そのせいで軍部から親英米派と見られ、二・二六事件で襲撃目標の一人にされたこともありました。

岳父となった牧野は、その後の吉田茂の人生に非常に強い影響を与えました。日本が立憲君主制の近代国家として生まれ変わったばかりの草創期、その国家づくりに尽力した岳父の思想や国家意識、国際感覚を吉田は終生、大事にしていましたから。

外交官としての吉田は、気位が高いと自嘲するほどのあの性格もあったんでしょう、どちらかというと欧米勤務のエリートコースではなく、「裏街道」を行くんです。中国の領事館勤務などですね。

大正期に牧野が外務大臣となり、大正八年にパリ講和会議が開催されたとき、吉田はそれを外交官人生最大の好機と捉え、積極的な猟官運動をやって随行団の一員に滑り込むのです。それをきっかけに一気に裏街道から表街道へ（笑）。これは冗談ではなく、そのことが人生を変えたとご本人も後に語っています。

そうこうして昭和三年、ついに吉田は外務次官のポストに到達します。時代は日本の対外権益の拡大と孤立主義へ進みだし、張作霖爆破事件（昭和三年）に満州事変（昭和六年）、昭和七年には満州国が建国。翌年に日本は国際連盟を脱退します。

軍部への強い不信感

昭和十年、吉田は外務省を退官します。翌年、広田弘毅内閣が組閣する際にはその参謀となり、外務大臣候補として話が進んだにもかかわらず、寺内寿一ら軍部の猛反対にあって潰されてしまうんですね。軍部からは、吉田は牧野につらなる親英米派だとレッテルを貼られてしまうのです。

吉田の英米協調路線というのは筋金入りといっても過言ではなかったでしょう。その後、吉田が駐英大使としてロンドンに勤務していたころ、駐英駐在武官だった辰巳栄一に対し、陸軍はナチス・ドイツを過大評価している、第一次世界大戦で大失敗したドイツが二十年そこらで英米仏と戦えるほど国力が回復しているとは信じられない、英米の工業力は強大な力を持っているとし、こう指摘するのです。

「現在の世界情勢は、結局現状維持派と現状打破派に別れているのだが、日本が自ら枢軸側（現状打破派）に飛び込む必要はない。むしろ日本の将来を考えたならば、明治以来の歴史を顧みても、英米側につく道を選ぶべきである」

吉田の本音がよく表れている発言だと思います。実際、吉田は外務省ＯＢとして、陸軍の枢軸国への傾斜をなんとか抑え込もうと画策したり、南部仏印進駐以降の緊迫した日米交渉で軟着陸できるよう裏方として動きます。

日米開戦の直前にアメリカからつきつけられたハルノートがありますね。これも吉田は外務省にそれが届いた十一月二十七日にすでに中身を読んで、最後通牒ではなく試案に過ぎないと判断します。つまり、最後通牒であるなら対米開戦やむなしというのはわかるが、試案であればまだ対米交渉に一縷の望みがあるわけです。それで当時の東郷茂徳外相への説得を試みています。

こうした日米戦回避への努力も水泡に帰し、昭和十六年十二月八日の真珠湾奇襲攻撃を迎えたのです。

米英との三年八ヵ月におよんだ戦争中も、吉田はなんとか機を捉えて終戦工作へ導こうと努力を傾注しています。

有名なのは近衛上奏文です。これは大戦末期に、共産主義思想が軍部に入り込んで共産革命が起こる危惧をまとめて天皇に上奏した、近衛文麿による上奏文ですね。近衛からそれを事前に見せられた吉田は、共感して文章を大幅に手直ししたといわれているんですね。吉田は開戦前から憲兵に監視されていて、ついにこの近衛上奏文への関わりが発覚し、終戦から四ヵ月前の昭和二十年四月十五日に検挙されてしまうのです。一ヵ月ほど東京憲兵隊に拘束され、釈放、不起訴処分となっています。

不謹慎な言い方ですけどこのことが、吉田にとってラッキーだったのです。

当然ですが、占領政治の中心であるアメリカは、日本の首相や閣僚には旧大日本帝国下で政策決定を担ったことのない人物、つまり手垢がついていない人物を求めます。吉田茂はかつての軍部に楯突いて逮捕までされたわけですから、アメリカにとっても好ましい人材と映ったんです。

「国体護持」と新憲法

こうして終戦までの吉田の軌跡をたどってみると、天皇への忠誠、そして英米協調、反共、反軍部という先に挙げた四つの吉田の信念がいかに強いものだったか、ご理解いただけるんじゃないでしょうか。

戦後に外相、そして首相になった吉田は、日本改造を　目指すマッカーサー率いるＧＨＱとの交渉にあたります。

吉田の姿勢が象徴的に表れたのは新憲法制定をめぐる過程でしょう。

GHQから憲法の民主化を指示された幣原内閣は、松本烝治《じょうじ》国務大臣を委員長とした憲法問題調査委員会を立ち上げます。ここでまとめられた憲法草案（松本草案）が昭和二十一年に示されましたが、基本的には大日本帝国憲法の焼き直しのような内容だったため、GHQからこれではダメだと拒否されてしまうんですね。

それでGHQの民政局が中心になって憲法草案が大急ぎでまとめられ、それをベースに日本側と折衝しながら、現行の日本国憲法ができあがる、という流れです。

吉田も「国体護持」の人で、大日本帝国憲法だって十分に民主的なものだから、軍部に悪用されないような仕組みさえつくれば問題ないと考えていました。ですからGHQのホイットニー民政局長からアメリカ側の草案を見せられ、天皇の地位が「シンボル」とされていることに驚いて「とんでもないものをよこした」と、後に回想しています。

日本側は何とか自分たちの意向をくみとってもらおうとかけあいますが、とかく天皇の地位と戦争放棄（第九条）については変更できないと、GHQは強硬な姿勢なんですね。昭和天皇の人格を認めていたマッカーサーですら、これは天皇を守るための唯一の方法なんだと。

吉田はマッカーサーと気脈を通じていましたから、もしそこでGHQ草案を否定するような態度を日本がとってマッカーサーの立場が危うくなるようなことをすれば、場合によっては天皇制そのものを解体しようとする動きが連合国側に広まるのではないかと恐れたんですね。

結局、昭和天皇自身も象徴という位置づけに賛同したこともあり、日本側はGHQ草案を受けいれます。吉田にしてみたら、憲法で妥協しつつもぎりぎりのところで日本の天皇という存在を残すことができた、という心境ではなかったでしょうか。

東西冷戦がもたらした早期講和

占領下に置かれた日本を早く講和に導こうとする動きはアメリカにもありました。例えばマッカーサーは、昭和二十二年三月の記者会見で日本占領を早く終わらせ、対日平和条約を結んでGHQを解消すべきだと発言しています。

マッカーサーがそう言ったのは、対日占領そして日本の民主化が予想よりもかなり円滑に進んだことによるものです。その上で、彼は一年以内に講和のための話し合いのテーブルにつくべきだとしました。

欧州ではそのときすでに、ドイツやイタリア、ハンガリーなど旧枢軸国側と連合国との間で講和のためのパリ条約が結ばれていました。ところがアジアでは、そう簡単にことが運ばないのです。

昭和二十一年三月、アメリカを訪問していたチャーチルが演説で、ヨーロッパを東西に分断する「鉄のカーテン」がおろされた、と話します。いわゆる「鉄のカーテン」演説ですね。第二次世界大戦が終わって以降、ソ連は西側に対する緩衝帯とすべく、東欧諸国で次々に共産党政権を打ち立てようと動き出しました。

翌年にはトルーマンが共産主義封じ込め政策(トルーマン・ドクトリン)を発表。いよいよ共産主義陣営と自由主義陣営の対立が激しくなります。東西冷戦の始まりです。

朝鮮半島は三十八度線を挟んで北はソ連軍、南は実質的にアメリカ軍が対峙し、昭和二十三年に大韓民国と朝鮮民主主義人民共和国が相次いで樹立されます。中国大陸は中国大陸で、蔣介石率いる国民党と毛沢東の中国共産党が再び内戦に突入。翌二十四年に共産党が国民党を制圧して十月に中華人民共和国を樹立し、蔣介石らは台湾に拠点を移す事態を迎えます。

ソ連と中国は共同してアメリカの対日方針に対抗する格好になりますから、日本でも早期講和は遠のいた、占領は長期化するだろうという、一種のあきらめムードがこのころ漂うようになるんですね。

東西冷戦によって、アメリカの世界戦略は社会主義陣営をいかに切り崩すかということになっていきます。その方針の下で日本をどう扱うかということになるわけですが、アメリカ国防省はソ連に対する軍事バランスを維持するために日本の基地を持ち続けたい、そのためには講和はできるだけ遅らせたいと考えます。一方、国務省は早期講和に積極的で、アメリカ側でも方針がまとまっていないという状況でした。日本をこのまま放り出したら、いつ共産化してしまうかわからないという危惧も出てきます。

そうやって国防省を中心に、日本にある基地を反共の砦とし、日本をこのまま自由主義陣営に留めておく方がアメリカの国益にもかなうという意見が強くなるわけです。

アメリカが突きつけた講和「七原則」

こうした状況の下で昭和二十五年六月、アメリカから講和問題の担当者である国務省顧問、ジョン・フォスター・ダレスという人物が日本へやってきます。

彼は有能な弁護士で、徹底した反共主義者で共和党支持者でした。当時はトルーマン大統領の民主党政権でしたが、ダレスは講和条約交渉に関わりたくて自ら売り込みをかけ、国務省顧問の肩書を得て対日講和問題担当、つまり交渉の窓口になります。

このときダレスはマッカーサーに会って、吉田茂とはどんな人間なのか、また日本人との交渉というものについてレクチャーを受けた上で吉田との初会談に臨むのですが、講和にあわせて日本の再軍備を要求したダレスに対して吉田はそれは国民感情から考えてもできない、武力放棄が安全を保障するんだと、再軍備を拒否しています。

ダレスにしてみたら、冷戦が緊迫の度を増す状況のなかで日本人は脳天気なことをいっている、とでも思ったんでしょう。そのときのことを「不思議の国のアリスに会ったようだ」と後で漏らしています。吉田以外の日本側要人ら何人かにも会って講和に対する考え方を探ろうとしますが、概して日本の安全保障について日本人自身に具体的なプランがないようだとかなり困惑してダレスは帰国します。

奇しくも、ダレスの日本滞在中に朝鮮戦争が勃発します。これによって講和が遅れるのではないかという懸念も広がったのですが、ダレスはむしろ好機と考えたフシがあります。というのは、朝鮮戦争は日本人に安全保障上の危機感を与えるだろう、そうすればこちらの提案に日本が乗ってくるだろう……、こう考えたんですね。それで早期講和の方向で話をまとめ、極東委員会各国との協議に入ります。

こうしてアメリカは対日講和方針の枠組みをまとめた「対日講和七原則」というものを発表します。少々長いですが、あえて全文を引用してみます。

アメリカの対日平和条約に関する七原則（一九五〇年一一月二四日）

（東京大学東洋文化研究所田中明彦研究室・データベース「世界と日本」より）

合衆国は、戦争状態を終結させ日本に主権を回復し、日本を自由な諸国民からなる〔国際〕社会にその対等な構成員として復帰させるための、日本との条約を提案する。個別的な事項に関しては、条約は以下で提示する諸原則に沿うものとすべきである。

一、当事国　日本と戦争状態にあるいずれか、あるいはすべての国で、〔ここに示された〕提案を基礎にして合意を確保し講和を成立させる意志があるもの。

二、国際連合　日本の加盟は検討されることになる。

三、領土　日本は、（a）朝鮮の独立を承認し、（b）合衆国を施政権者とする琉球諸島および小笠原諸島の国際連合による信託統治に同意し、（c）台湾、澎湖諸島、南樺太および千島列島の地位に関する、イギリス、ソヴェト連邦、カナダ、合衆国の将来の決定を受諾しなければならない。条約発効後一年以内に何の決定もなされない場合には、国際連合総会が決定する。〔日本は、〕中国における特殊な権利および権益を放棄しなければならない。

四、安全保障　国際連合による実効的な責任の負担というような別の形での満足できる安全保障上の取決めが達成されるまでの期間、日本地域の国際的な平和と安全保障を維持するために、この条約は、日本の諸施設と合衆国および恐らくは他の諸国の軍隊との間に、継続して協調的な責任〔関係〕が存続するように配慮しなければならない。

五、政治上および通商上の取決め　日本は、麻薬および漁業に関する多国間の条約に加入することに同意しなければならない。戦前の二ヵ国間の条約は、相互の合意を通じて復活させることができる。新しい通商条約が締結されるまでの期間、日本は通常の例外措置には従うものとして最恵国待遇を与えることができる。

六、請求権　すべての当事国は、一九四五年九月二日以前の戦争行為から生じた請求権を放棄する。ただし、（a）連合国がそれぞれの領土内において日本人の財産を一般的に取り押えている場合、および（b）日本が連合諸国〔の人々〕の財産を返還する場合、あるいは原状に戻すことができない場合に損害額に関する協定で合意された一定の比率を円で補償する場合は、除くものとする。

七、係争　請求権に関する係争は、国際司法裁判所長が設置する特別中立裁判所で解決する。その他の係争は、外交的な解決あるいは国際司法裁判所に委ねる。

重要なのは、まず領土問題ですね。大日本帝国下での海外領土だった朝鮮や台湾などはすべて放棄して、基本的には北海道、本州、四国、九州だけになりますよと。沖縄と小笠原諸島はアメリカの施政権下に入るけど、それ以外の島嶼についてはこれから決めましょうということですね。

四の「安全保障」のところでは、実質的に日本の安全保障についてはアメリカが責任を持つとしています。ここにアメリカの意向が強く反映されているわけです。

講和条約を結べば、占領状態から脱して日本の主権が回復されます。ところが、その日本に米軍の基地を維持しようとするとそこに矛盾が生じてしまいますね。「日本列島の好きな場所に望むだけの期間、米軍基地を設置する『権限』」（ダレスの発言。『年報・日本現代史第5号　講和問題とアジア』より）をアメリカが実現するにはどうすればいいか。それなら、日本がアメリカに安全を保障してくださいとお願いし、それをアメリカが受諾するかたちにすればいいじゃないか、ということもこのころ話し合われています。

日本にとってよかったのは例えば六項にある、戦勝国による賠償金請求権の放棄です。これは莫大な賠償支払いのために経済が不安定化して国民の不満が高まり、ヒトラーをつくり出してしまった反省が踏まえられています。

こうして固まりつつあった日本との講和交渉に臨むアメリカ側の方針をごくおおざっぱに言えば、

①早期講和
②日本を自由主義陣営の一員にする
③日本の再軍備
④日本におけるアメリカの軍事的権利の維持

といったところになるでしょう。

それでは講和交渉にあたって、日本側は一体どんな準備をして臨んだのでしょうか。それをお話しする前に、占領期の日本における、講和・独立についての意見や動きを見ておきたいと思います。

第7章

「講和」とは何だったのか

──保守本流・吉田茂の歴史的意思

吉田の「曲学阿世の徒」発言の真意

講和条約締結に向けたプロセスにおいて、当時の日本の世論を大きく盛り上げたのが全面講和か単独講和かという選択でした。全面講和というのは、太平洋戦争で日本と戦って勝利した側である連合国すべての国々との講和を指します。一方の単独講和とは、連合国のうち、自由主義陣営に属する国々のみとの講和をいいます。

後で詳しく触れますが、単独講和を推進したのは吉田茂で、一部の学者や共産党系文化人などは全面講和を主張して国論が真っ二つに割れたような状態になりました。

吉田という人物はズバズバとものを言うところがあって、それがいわゆる失言問題としてやり玉にあげられることが多かったんですね。議会で答弁して自分の席に戻るときに「ばかやろう」とつぶやいたのがマイクで拾われてしまい、それが紛糾して「バカヤロー解散」につながったのは有名ですけれど、それと並んで知られているのが「曲学阿世の徒」発言です。

当時、全面講和論者の急先鋒に終戦後、東京帝国大学総長となった南原繁という人物がいました。

吉田は南原の全面講和論に激高して「曲学阿世《きょくがくあせい》の徒《と》」という言葉で罵りました。お前は学問を曲げてまで世の中におもねるのか、世の風潮にあわせてものをいうのか、という批判で、これは学者に対する最大の侮蔑を含んだ表現です。

もちろん南原さんはそれに反論しました。

実は吉田が南原に対して厳しい言葉を投げつけた背景には、ある事情があったともいわれているんですね。

南原繁は昭和二十一年、貴族院議員に勅撰されます。貴族院とは戦前の大日本帝国憲法下にあった議会の一つで昭和二十三年に廃止されますが、戦後に行われた有力者の公職追放（パージ）で貴族院議員も人数が足りなくなり、帝国大学などの学識者で補充したんですね。南原もそれで貴族院議員になっていました。

昭和二十一年八月の帝国議会本会議で質問に立った南原は新憲法に関する質問を行います。そこで、南原は新憲法九条にある戦争の放棄について尋ねます。

「是は新に更生しました民主日本が、今次の不法なる戰爭に對する贖罪としてではかりでなく、進んで世界の恆久平和への日本民族の新な現想的努力を捧げる其の決意を表明するものとして、我々の贊同惜まざる點でございます、殊に此のことは、古來幾多の世界の哲學者乃至宗教家の夢想し、構想して參つた理想が、はしなくも我が國の憲法に於て是が實現されるものとして、世界人類史上に新な意義を持つものとして我々は之を重大に考へるのであります」（帝国議会議事録より抜粋。旧字ママ）

あの戦争への反省から戦争放棄を憲法に謳うことは非常に意義があると吉田を持ち上げつつ、彼はこう続けます。

「それだけに問題があることを又私共は考へなければならぬのであります、理想は高ければ高いだけ、それだけに現實の状態を認識することが必要でございます、さうでなければ、それは單なる空想に終るでございませう、本案が發表されました當時に『アメリカ』の新聞の批評の中に、是は一個の『ユートピヤ』に過ぎないと云ふことがありましたことは、兎角我々の反省すべき點であると思ふのでございます」（同）

「戰爭あつてはならぬ、是は誠に普遍的なる政治道徳の原理でありますけれども、遺憾ながら人類種族が絶えない限り戰爭があると云ふのは歴史の現實であります、從つて私共は此の歴史の現實を直視して、少くとも國家としての自衛權と、それに必要なる最小限度の兵備を考へると云ふことは、是は當然のことでございます」（同）

理想は大事だけど、現実には戦争は起こるんだから軍事は必要ではないかと。南原は重ねて次のように問いただします。

「斯くの如く致しましては、日本は永久に唯他國の好意と信義に委ねて生き延びむとする所の東洋的な諦め、諦念主義に陥る危険はないのか、寧ろ進んで人類の自由と正義を擁護するが爲に、互に血と汗の犠牲を拂ふことに依つて、相共に携へて世界恆久平和を確立すると云ふ積極的理想は却て其の意義を失はれるのではないかと云ふことを憂ふるのでありますす」(同)

つまり、理想だけで国家国民を守るという義務を放棄する恐れはないのかと、こう吉田に問うているんですね。ちなみに吉田はどう答えたかというと、

「戰争抛棄に付て、將來國際聯合に入る意思であるか、或は自主的、自衞的の戰争をも抛棄したのであるかと云ふ御尋でありますが、今日は日本と致しましては、先づ第一に國權を回復し、獨立を回復することが差迫つての問題であります、此の國權が回復せられ、さ

うして日本が再建せられる此の目下の差迫つた問題を政府は極力考へて居るのでありまして、萬事は講和條約或は國家の態勢が整ふと云ふことを、政府として極力其の方向に向つて努力して居る譯でありまして、それ以上のことは御答へ致すことは出來ないのであります」(同)

実はこのやりとりが「曲学阿世の徒」発言の伏線になったのではないか……。勘ぐり過ぎだと笑われるかもしれませんけど、僕はそう思っているのです。

つまり吉田にしてみたら、あんた(南原)はオレたちがつくった憲法を夢物語だとさんざん批判を加えたろうと。そのあんたが夢物語の全面講和に肩入れするとは何ごとか、ということだったのではないのかなあと、僕は吉田の心境を推察するんですね。

再軍備を拒絶した吉田

さて、第6章ではアメリカ側の講和への動きとして、対日講和七原則という大方針がアメリカから示されたことをお話しいたしました。

それが発表された翌年(昭和二十一)の一月から二月が、日米の間で行われた講和条約交渉のヤマ場に当たります。

交渉は、基本的に吉田とダレスの二人の間だけで行われました。そうすると、何かしら心が通い合うような、一種の友情が育まれたように思いますが、実際はまったくありません。ただひたすら冷徹に、互いの国の国益をかけたやりとりが続けられたことが資料からは読みとれます。

そのときの、一月二十九日の吉田・ダレス会談を例に挙げます。

ダレスが、これは勝者が敗者に対して結ばせるような条約ではない、友人としての条約だというと、吉田はこう応えています。

「日本が自尊心を傷つけられないで承諾できる条約をつくってもらいたい。平和条約で独立を回復し民主日本を確立したい。(略)かような国になって初めて、日本は自由世界の強化に協力もできるし、また、日本にとって一番肝要な日米友好関係の確立も可能になる」

対してダレスは、独立をいうのはいいと。それよりも日本は自由陣営としてどういう役割を果たすつもりがあるのか、とこれまた冷厳に問いただします。吉田にしてみれば、いよいよ懸案の再軍備問題について斬り込んできたな、と思ったでしょう。返す刀で、吉田はこうダレスに釘をさします。

「日本に再軍備の意思があるかどうかを知られたいのだろう。今日の日本は独立を回復したい一心であって、どんな協力をいたすかの問題は過早である」

再軍備などしたら日本経済がもたないし、周辺国だって望んではいまい。ましてや旧軍の軍閥がそれをきっかけに復活するかもしれないと吉田は続け、なにが貢献できるかは独立を果たしてから返事をしよう、と話したわけです。

ダレスは、吉田のこの話に相当がっかりしたと記録にはあります。コイツは一体何を考えているんだ、と思ったことでしょう。

単独講和の論点

つまりアメリカは、講和とセットで日本の再軍備を要求してきたんですね。ダレスはさらに、日本に軍備がないままでは独立させられないと、講和の延期もちらつかせながら再軍備を迫りました。

でも吉田は、その再軍備要求に対してかなり徹底してアメリカにノーと言い続けました。それはなぜでしょうか。

日本がアメリカの方針にどう対処すべきなのか、吉田は外務省の官僚たちにAからDまでの四つの案をつくらせています。通称「A〜D作業」と呼ばれているものです。ここにも、それがよく表れています。

まず外務省内でA案（A作業）がまとまりますが、これは当時の国際情勢分析、アメリカの講和条約構想やそれをふまえての日本の要望といった、総理用の基礎資料のようなものです。面白いことに、当時の外務省はソ連などの共産圏も含めた全面講和を念頭においていたんですね。

それを読んだ吉田は、厳しい指摘を書き込んで外務省にそれを突き返します。外務省というところは客観状勢の観察ばかりで経世家としての経綸に乏しいとか、そこに書かれている日本の要望には「野党の口吻の如し、無用の議論一顧の値なし」、要するにもっと大所高所から国の行く末を考えて作り直せと。

吉田は、当初からアメリカ、イギリスを中心とした自由主義陣営、東西冷戦の構図でいうなら西側諸国のみとの単独講和でいくことを考えていました。単独講和の考え方の論点とは次のようなものです。

①真空地帯をつくってはならない

②反共産主義
③アメリカを中心とする連合国への同盟意識
④実利主義

最初の「真空地帯」というのは、「力の空白」ともいわれました。後で詳しく説明しますが、全面講和派が唱えていた主張に日本は非武装中立であるべきだ、外国の軍隊の駐留も認めないというものがあったんですね。そうすると、東西の軍事力が向き合うはざまの日本が一種のエアポケットみたいになってしまい、逆にそれは危険だという見方です。

このことを当時強く主張していたのが、経済学者で昭和二十一年まで慶応義塾長を長く歴任した小泉信三でした。彼の主張は、非武装中立で真空地帯となるとソ連による侵略を招く恐れがあり、それを防ぐためにアメリカを中心とした自由主義陣営の集団安全保障のなかに身を置くことが結果的に平和の維持につながる、とするものでした。

このころ、雑誌などで全面講和論者の都留重人（一橋大学教授）と激しく意見を戦わせ、小泉・都留論争としても知られます。吉田と小泉は親しい間柄でしたから、吉田も首相という立場から、日本を真空地帯にする怖さをわかっていました。

再軍備せずに日本をどう守るか

吉田がなぜ再軍備を拒んだのか。実はそれが、今挙げた四つの論点のなかの「④実利主義」という点に絡んできます。この実利主義というのは、単独講和を選択することが結果的に日本に実利をもたらす、ということですね。

そのあたりのことを、戦前戦中期の有名なジャーナリストで、戦後は国際交流のための国際文化会館を設立した松本重治という人が『昭和史への一証言』という本でわかりやすく解説しています。

同時通訳の神様といわれた國弘正雄が松本に質問するという問答形式ですが、「吉田がきっぱり再軍備を断ったのは、それだけの財力が日本にはない、というほか、米ソの冷戦が激化しても、全面戦争に突入しソ連が日本に侵攻することはあるまい、という読みがあったのでしょう」という國弘の問いに、松本はこう答えています。

「それはそうです。吉田は、いわゆる〝真空論〟には反対でした。日本は丸腰ではなく、なんらかの軍備をもたなければ駄目だ、と考えていました。日本が占領下におかれ、占領軍が居すわるのは困るけれども、条約にもとづいてアメリカ軍が駐留するというのなら、そのために日本は基地を提供してもいいと、考えていました。日本が再軍備しないかわりに、アメリカ軍に基地を提供するという妥協案を吉田は考えたのです。安全保障条約との抱き合わせで講和条約を結ぶという構想を立てたわけです。

アメリカ軍への基地提供ということは、吉田の独断でした。そのことは最後まで吉田は秘密にしていました（略）」

続けて國弘の「そのとき、全面講和か単独講和かで、国内の意見が鋭く対立し南原繁氏（東京大学総長）が全面講和を主張したのに対し、吉田は『曲学阿世』だと批判したのをおぼえていますが……」という問いに対する、松本の解説です。

「それは、どう考えてみても、全面講和は無理だからですよ。吉田にすれば、一日も早くアメリカの占領をやめさせたい、ということが一番の眼目でした。そういうことをはっきりいえないので、全面講和でなくても単独講和でいい、大多数の関係国が同調してくれればそれでいいのだ、といっているのだ。そのころは、もう逆コースが始まっていたから、占領政策は日本にとってマイナスなところが多くなる。そういうなかで、全面講和をとなえることは日本の占領時代をのばすのに手を貸すだけだ、政治や外交の一番大事なところをわからないから見当が違ってくるのだ――そういう意味で曲学阿世よばわりをするわけです」

この松本重治の解説に、吉田の当時の考え方が端的に紹介されています。つまり、まずアメリカがいうような再軍備を飲めば、日本の経済的自立は遠のくだろう、という考えです。財政が逼迫していて経済の安定が急務だった当時の状況を考えれば、軍備にカネをかけている場合ではないということですね。

だけどその一方で、日本を非武装という「真空地帯」にすることも危険だと。再軍備せず、日本を真空地帯にしないというその二つを同時に達成できるのは、アメリカに基地を提供して軍備を肩代わりしてもらう以外にないというのが吉田の考えだったのです。

マッカーサーとダレスを手玉にとった吉田

さっきの「A～D作業」の話に戻れば、A案を否定した吉田が最終的に練らせたのがD案というものです。それは、アメリカを中心とする自由主義陣営に日本の立ち位置を定め、そのうえで西側諸国と講和条約を結び、アメリカが望むなら軍事基地を提供する用意がある、という内容です。

吉田は外務省だけではなく、有田八郎、小泉信三らによる有識者グループと、辰巳栄一や堀悌吉ら旧陸海軍軍人グループを私的なブレーンとしながら、再軍備を拒否した場合の様々な想定を議論させているんですね。

でも、面白いのはC案なんです。日本と朝鮮をともに非武装地帯とし、アメリカとイギリス、ソ連、中国が北太平洋地域での軍備を制限するという、かなり仰天の内容です。結局このC案が交渉の場に持ち出されることはありませんでしたが、吉田は現実的なD案で押し通しつつ、それは万が一の場合のためにということでした。

つまり、アメリカが再軍備をゴリ押ししてきて交渉が暗礁に乗り上げる場合を想定し、このくらいの理想を日本は考えているんだぞ、という奥の手としてこれを作らせていたんですね。

再軍備を切り出されてダレスを煙に巻いた昭和二十一年一月二十九日の会談の話をしましたが、それにはおまけがありました。

一時間半ほどのすれ違いに満ちた会談を終えて、二人は一緒にマッカーサーのところに向かいます。

そこで吉田はマッカーサーに、いやあ、ダレスさんが独立後の日本は一体どんな貢献をするのかと私を苦しめるんですよ、と水を向けたんですね。するとマッカーサーは微笑み

を浮かべながらダレスに、

「自由世界が、今日、日本に求めるものは軍事力であってはならない。そういうことは実際できない。日本は軍事生産力をもっている。労働力をもっている。これに資材を供給し生産力をフルに活用し、もって自由世界の力の増強に資するべきである」

と、まるで吉田に助け舟を出すかのように語ったそうです。

この三者会談も事務方を入れていませんから、公式な記録はなく、あくまでも吉田本人が残した手記などに基づいていています。

これらのやりとりが事実であるという前提で考えると、吉田という人が相当な策士だったことがわかりますね。つまり、マッカーサーと会談を重ねつつ、その腹心だったG２（参謀第二部）のチャールズ・ウィロビーなどとの折衝を通して、マッカーサーの本音は何なのか、吉田は相当なところまで知り尽くしていたんでしょう。

対日戦の英雄となったマッカーサーがその国民的な人気を受けてアメリカ大統領選挙への出馬を画策していたことも含めて、彼の野心や名誉欲を、ダレスとの交渉に巧みに利用したということです。

ダレスについても、その名誉欲を吉田は的確に見抜いていました。

地球を何周もするほどの勢いで関係各国と意見調整をし、一年ほどで前述の対日七原則をまとめあげたダレスも、単に反共の精神だけでこの仕事に情熱を傾けたとは思えません。彼には彼なりに、講和条約を成立させることで歴史に名を残したいという強い動機があったはずです。

吉田は長い外交経験からマッカーサーやダレスの功名心を手玉にとり、アメリカの資金と軍事力を最大限利用しながら日本を経済的に復興させることを狙ったのではないかと、僕は思っています。そんな気迫のようなものが、彼の会談記録から伝わってくるのです。

GHQ総司令官へハッタリをかける

マッカーサーを利用して強硬なダレスを牽制しただけじゃありません。一方では吉田とダレスの間で、マッカーサーをかなり疎んじるようなそぶりも見せたりしています。

最初のころは、ダレスは吉田のことをよく思っていません。吉田の英語力のせいもあったのですが、本当にこの男はこちらの話を理解できているのかと訝ってさえいました。でも交渉を続けるうちに、吉田はダレスと波長が合ったのでしょう。講和交渉後半になるとマッカーサーには言わなかったようなことまで、ダレスには話したりしているんです。

僕が察するに、吉田はダレスに「あなただけに言うが、実は私はマッカーサーが嫌いなんですよ」というニュアンスの会話をしていたんじゃないかと。吉田とダレスの交渉に関する資料を丹念に読んでいくと、あの人（マッカーサー）は貴族的なところがあって、自分が天皇よりも偉いと思い込んでいるんじゃないか、日本人からも顰蹙《ひんしゅく》を買っていますよ、というようなことをダレスに暗に伝えていたふしがあるのです。

それは、トルーマンが後の回想のなかで、マッカーサーがGHQからはずれた後の方が（占領政策が）スムーズでやりやすかった、と書き残していることからもそれはうかがえるんですね。

吉田の策士ぶりという話になったので余談としてお話しいたしますと、彼は交渉の場で平気でウソをついています（笑）。

解任されたマッカーサーの後任としてマシュー・リッジウェーという人物がGHQの新司令官として着任します。この軍人は占領行政などの経験がない、いわば民政の素人だったんですね。

吉田はリッジウェーに挨拶に行くのですが、そのときに凄いハッタリをかけます。どういうことかというと、占領期間中に進められている改革について、日本の実情や風俗習慣に合わないものがいくつかあり、早いうちにそれらを改正することについてマッカーサー閣下と合意している、とぶち挙げたんです。それで要望書を閣下に提出する段取りになっていたところに司令官が交代してしまったので、今提出しますといってそれをリッジウェーに渡そうとしたんです。

その要望書は、民法から削除された家父長制度を復活させてほしいとか、新たに導入された教育制度の六・三・三・四制を見直して欲しいという、六項目程度の内容でした。

リッジウェーは事情をよく飲み込めないまま明言を避けますが、それを後で聞かされたGHQ民政局の事務方はカンカンに怒ります。だって、そんな文書についてマッカーサーが諒解した事実がないからなんです。しかも、GHQが今まで進めてきた民主化路線を全否定するかのような内容でしたから。

リッジウェーは吉田に会って、この前の話はとてもじゃないが無理だと諭します。でも吉田は、確かにマッカーサー閣下には伝えたはずだ、あなたのところにそれは伝わっていないのか、と食い下がります。

結局、吉田が文書を提出したという事実は確認できていませんし、公式な会合の記録としても残っていません。もしかしたら、雑談レベルでの話かもしれません。

ただ、そのことを吉田がまとめた文書というのは残っています。それを読むと、吉田はGHQによる民主化政策にかなり強い反感を持っていたことがにじみ出ています。だから、そんなウソをついてまで民主化政策の見直しを迫ったんでしょうね。

雑誌『世界』に載った全面講和論

吉田が押し進めた単独講和に対して、全面講和でいくべきだという議論があったことはすでにお話ししました。その全面講和論とはどういうものだったのか、簡単に触れておきたいと思います。

ダレスが交渉のために訪日する三ヵ月前、雑誌『世界』（昭和二十五年三月号）に「講和問題についての平和問題談話会声明」という有名な声明文がドーンと掲載され、反響をよびます。ここには、全面講和側の主張が余すことなくまとめられています。

この平和問題談話会というのは、当時の日本の代表的な学者さんたちが東京と京都で結成したグループです。このような会が結成されたきっかけは昭和二十三年、ユネスコの社会科学者グループが戦争を引き起こす原因についての見解を発表したことに端を発します。「われわれの知りうる限り、戦争が『人間性』そのものの必然的不可避的結果であることを示すようないかなる証拠もない」という名文で始まるこの声明は、イデオロギーや民族問題、経済的な不平等といった戦争の原因となる対立を列挙して、それらを防ぐための努力を世界の国家や社会科学者に呼びかけるものでした。

これに呼応して結成されたのが平和問題談話会です。学習院院長の安倍能成、東大の和辻哲郎や矢内原忠雄に丸山真男、清水幾太郎といった顔ぶれで、まとめ役が『世界』の初代編集長・吉野源三郎ですから、当時のリベラル知識人が総結集したようなものでしょう。

この声明の骨子は次の四点に集約されます。

一、講和問題について、われわれ日本人が希望を述べるとすれば、全面講和以外にない。

二、日本の経済的自立は単独講和によって達成されない。

三、講和後の保障については、中立不可侵を希い、あわせて国際連合への加入を欲する。

四、理由のいかんによらず、いかなる国に対しても軍事基地を与えることには、絶対に反対する。

面白いのは二項です。日本の経済的自立を達成するには中国との貿易が不可欠で、それが単独講和の結果、不可能になるよと説いています。ちょうどこの声明が出された前年の昭和二十四年、中国共産党による中華人民共和国が成立したことをふまえているのです。

ちなみに吉田茂は『フォーリン・アフェアーズ』というアメリカの権威ある外交・国際政治誌の一九五一年（昭和二十六）一月号に寄せた論文のなかで、日中戦争前の四年間の日本の対外貿易に占める対中貿易のシェアが輸出で二十二％、輸入で十三％を超えることはなかったとして「中国との通商に期待しすぎるのは間違い」だと反論していますが。

全面講和論者の考えの前提となったのは、一つが日本国憲法の平和的精神を堅持して世界平和に寄与すること、もう一つが一刻も早く経済的自立を達成して外国に面倒をみてもらう立場から脱することでした。

そのうえで、東西冷戦のどちらの陣営にも加担することなく、あくまで中立、他国の軍隊の駐留も認めないと。単独講和だと両陣営間の新たな戦争に巻き込まれる恐れがあり、結果的に経済的自立も達成できない、という主張なんですね。

この全面講和論の背景にはもちろん、ソ連が開発に成功した原子爆弾への恐怖というのもあったと思います。

占領期にGHQは原爆報道に対して厳しい検閲を行っていますが、それでも少しずつ放射能被害の恐ろしい実態は国民に伝わっていました。そのころ始まった朝鮮戦争でもマッカーサーが原爆の使用を主張してトルーマン大統領と激しい論争を繰り広げたこともあって、再び戦争で原爆が使われるのではという現実味は強くありました。ですから自由主義陣営に日本が入った結果、ソ連との核戦争に日本が巻き込まれることへの恐怖、というものが特にインテリ層を中心にあったということですね。

単独講和 vs 全面講和の背景にあったもの

昭和二十年代中ごろに全面講和だ、いや単独講和だという議論が日本じゅうで巻き起こったわけですけれど、どういう人々がどちらを支持したのか。それをアカデミズムの側から分析した面白い研究があります。

日本の政治外交史を専門にされている三浦陽一さんという研究者がまとめた『吉田茂とサンフランシスコ講和』(大月書店)で、当時の日本人を三つのタイプに分類しておられます。まずは、「ソ連を労働者の天国かつ世界革命の指導者としてあおぎ、信頼と憧れをもってイメージした人々」です。主には日本共産党とその指導下にある労働者・農民やインテリで、彼らは「プラスイメージのソ連観・アジア大陸観をもち、資本主義大国アメリカを疑念の対象とする心理」を抱いていたとしています。

次は、「アメリカを自由と力の守護神と感じ、その翼の下に抱かれるか、(目下の)友人として扱われることを願った人々」ですね。これは「吉田茂や保守的な財界人・政党人・官僚」で、そのもとでしか日本の未来はないと考え、ソ連については「無節操で無慈悲な権力帝国」と捉えて、反ソ反共を思考の軸にしています。

そして「米ソの両方にたいしてプラスとマイナスが同居する複雑な感情をもち、非武装資源小国日本の自己イメージをそこにダブらせて、世界戦争への恐怖と中立への願望を抱いていった人々」というのが三つめです。このタイプに該当したのは、「清水幾太郎や、談話会のメンバーのかなりの部分、日本社会党とその支持基盤となった労働組合の多く」であったとしています。

僕は個人的にもう一つ、生活重視というもっと庶民的な層を加えてみたいのです。つまり、政治的イデオロギーで論じ合うよりも、生活が豊かになるんならどちらでもいいじゃないか、という考え方です。そうすると、四つのタイプそれぞれが講和問題についてどういう姿勢をとったのか、次のようにまとめられます。

①親社会主義（日本共産党、知識人）→全面講和
②親資本主義（吉田茂、政治指導者層）→単独講和
③中立（清水幾太郎、知識人）→親ソ派は全面講和、親米派は単独講和
④生活実感派（庶民）→親ソ派は全面講和、親米派は単独講和

例えば日本社会党などは③ですが、その後右派と左派に分かれることになったのも全面講和か単独講和かを巡る議論だったんですね。それで右派は単独講和、左派が全面講和を主張するようになりました。

①とか③は、当時の知識人たちで、②というのは政治指導者です。例えば吉田茂の側から見たら、全面講和を唱える知識人たちというのはまさに「曲学阿世の徒」、時勢に迎合しようとする連中だということだったんでしょう。

単独講和と全面講和、それぞれの主張を比べてみると理念や主義主張の点で百八十度違っているように見えますね。でも、僕は双方に共通している、伏流水のようなものがあったんじゃないかと思うのです。

一言でいうなら、日々の生活がもっと豊かになってくれれば、という庶民的な思いとでもいいましょうか。

例えば、全面講和の主張のなかに、中国との貿易は日本の経済的自立にとって不可欠なんだから、それができなくなる単独講和はするべきではないという論点がありましたね。単独講和側はそれをアメリカとの貿易にゆだねているわけですが、東西冷戦だとか反共、安全保障うんぬんよりも、経済的な復興を最優先してちゃんと食べられるようにしてほしい……。何とも非常に現実的な側面が、もっとも大きかったと考えるべきではないでしょうか。

軍が国民を騙したという心理

三年八ヵ月の太平洋戦争、日中戦争も含めば八年にもおよんだ「昭和の戦争」が、あまりにも長過ぎたんですね。その間国民は様々な生活上の制約に耐えてきて、もううんざり、というのが戦後の日本人の感覚です。戦争末期の内務省警保局がまとめた資料を読めば、いたるところで戦争への不満の落書きが増え、町内会や電車内では公然と「この戦争は負ける」という話が飛び出す有り様でした。

戦争が終わっても慢性的な食料不足は続き、日本の国民総生産が戦前の水準に回復するのは朝鮮戦争特需を受けての昭和二十七年ごろのことです。

あまりにも抑圧されていたことで、終戦を機に戦争の戦勝国の側につくような意識を国民が持ってしまったところがあったんですね。それがいざ講和、独立だということになって、全面講和か単独講和かを論じるときにどっと噴き出したと見ることもできるのです。

どういうことかというと、あの戦争で日本が追い込まれていくにつれ、戦争指導者たちが国民にだんだんウソをつくようになっていったということが、戦後の民意の底流に大きな影響を与えたと僕は考えているのです。

第一部でも触れた、大本営発表がそのいい例です。軍による国民へ戦況報告に次第に誇張がまじりはじめ、しまいには台湾沖航空戦で米空母十数隻撃沈などと、実際はたったの一隻すら沈んでいないのにまったくの虚報を垂れ流したんですね。

まあ途中までは戦意高揚という意味でやむをえない事情だったことも理解できますが、その後はもはやそんなレベルを越えて、まさに虚構の世界にまで入り込んでいってしまったのです。

「この戦争にもし日本が負けたら男は全員が断種され、女は全員が強姦される」という言説があの戦争中に広く流布されたこともそうです。サイパンや沖縄などで、上陸してきたアメリカ軍に追いつめられて多くの民間人までが自決することになりましたが、そうした行動の背景にこの言説が信じられていたという事実があったことは、決して忘れてはなりません。

これも、軍事指導者たちがばらまいた一種の妄想、デマゴギーの類いです。あの戦争の本質とは何だったのかということにもつながるのですが、太平洋戦争は軍事の領域から、ある時期から虚構の空間に入っていったのです。

当時の軍が計画していた本土決戦に関する残された資料を読んでいくと、まさにその虚構性が象徴的に表れています。アメリカ軍がいよいよ本土に上陸してくるとしたら、どこか。例えば千葉の九十九里浜などが上陸地点として想定されていまして、アメリカ軍の上陸部隊が沿岸に迫ってきたら、まずあらゆる特攻兵器を動員して艦船を沈めるんだと。

上陸されてしまったら、そこに十四、十五の中学生たちを壕に配置して、彼らに爆弾を背負わせて戦車などに体当たりをさせるという計画が、将校らの会議の場で大まじめに練られていたのです。

正規の陸軍部隊は宇都宮などの内陸に置いて、沿岸地域で米軍を食い止めている間に兵器や兵員の充実を図る、というんですから。その間に、いったいどれだけの中学生のような未成年者の命が失われるのか……。実際、そうした訓練に彼らは動員されていましたし、当時東京帝国大学の学生だった読売新聞社の渡辺恒雄さんも神奈川県の三浦半島で本土決戦の訓練を受けていたことを自著で書き記しています。彼のような学徒兵の多くも、そこに注ぎ込まれることになっていました。

もうここまでくると、軍の作戦立案者たちの頭がまともな状態だったとはいえません。そういう異常な、虚構の世界が八月十五日に終わったんですね。

だから戦後になって戦時中の様々な事実が明るみに出るようになり、何だ、軍や政府はオレたちを騙していたのか、という思いを持つ人は少なくなかったんですね。こうした心理も、講和論議にかなり影響を与えたと思います。

吉田の歴史観

日本という国を将来どうしていくのかという理念のようなことよりも、国民も国家も自活し、食べていけるかどうかという極めて現実的な問題が先だ……。そんな当時の日本国民のムードをもっとも巧みにつかみ、それをテコに再軍備を拒否したのが吉田茂だった、というべきかもしれません。

第6章で吉田の四つの信念の話をしましたね。天皇への忠誠と反軍閥、反共、親米英です。吉田とダレスの間で行われた講和条約づくりの交渉をみていくと、やはりそれが軸になっていることがわかります。

吉田は反戦だとか、平和主義者だったということではないんです。再軍備については経済的自立の足かせになるから反対したわけですが、いずれは国防のための軍事力が必要になると考えていました。ただし、旧軍のような軍はいかなるかたちであれ必要としない、という点については徹底していました。

吉田はアメリカから要求されて自衛隊の前身となる七万五千人の警察予備隊創設を受け入れます。もうだいぶ前に亡くなられましたけど、後藤田正晴さんという官房長官なども歴任された方がいました。彼は戦前の内務省に入って、戦後は内務省が解体されて警察庁に移ります。そのとき、警察予備隊の創設に関わることになり、吉田から何度も呼びつけられて話をしているんですね。

吉田が後藤田さんに言ったのは、警察予備隊の幹部に旧軍の佐官以上の人間は絶対にとるなよ、ということだったそうです。尉官より下ならいいけど、特に大本営の作戦課にいた連中は絶対にダメだと、強く釘をさされたそうです。ひょっとしたら、アメリカ軍が日本に駐留し続けることへの世論の反発に対して、旧軍の理不尽さに比べたらマシだろう、というぐらいの気持ちが吉田にはあったんじゃないかとすら思えます。

もう一つ、全面講和を絶対に認めないという姿勢もそうです。吉田にとって、全面講和というのは共産主義者による陰謀だという理解だったんですね。つまり、旧軍の復活はさせない、全面講和はしないという二つの大前提を吉田がもったうえで、ダレスとの講和条約交渉を行っていたということなんです。

吉田は総理の座から降りた後に記した自著に、こう書いています。

「明治以来の先輩の深慮に導かれて日本の歩んで来た道は、今日に当てはめて言えば、英米を中心とする自由陣営の諸国と行を共にすることにある。この大道を見失ってはならない。その意味を軽視してもならない。半面また先進大国との協調を、追従だの、自主性の喪失だのと思いなす卑屈な心理からも脱却せねばならぬ。日本の進むべき道は正に一つと信ずるのである」(『世界と日本』番町書房、一九六三年)

要するに、明治以来日本は英米と協調してやってきたが、昭和の一時期にその大道を誤った結果がこの戦争だった……。これは吉田にとって、戦前から一貫した歴史観だったと考えていいのではないでしょうか。

こうしたことも踏まえて考えると、吉田の目指した日本の国家像、「日本のありうべき姿」とはどういうものだったか、おぼろげながらそのかたちが見えてきます。講和条約発効を機に、国を誤らせた旧軍勢力を一掃し、いずれは再軍備する必要はあるけれど、とにかく経済でこの国を再生させる……。

もちろん天皇については、日本にとって必要だと考えていたはずです。何しろ、「臣茂」でしたから。彼独特の選良思想というのがあって、自分は天皇を敬うけれど、この国の国民は危ないと(笑)。天皇を敬うかと思えば、今度は共産主義が入ってくればすぐにそちらに染まってしまうような節操のない国民性だと感じていたんじゃないでしょうか。だからそれを天皇というもので縛っておかないと、という意味で「臣茂」を使っていたんだと思うんです。

第8章

「憎悪は憎悪によって取り除かれない」——講和会議の五日間

秩父宮と講和会議

僕は以前、昭和天皇の弟宮だった秩父宮の評伝（『秩父宮―昭和天皇弟宮の生涯』中公文庫）を書いたことがあります。

秩父宮は昭和二十八年一月四日に結核でこの世を去りました。昭和十四年に結核を患って静岡の御殿場で療養していましたが、彼は昭和二十六年九月にサンフランシスコで開かれた講和会議で、日本が講和条約に調印したことを誰よりも喜んでいました。

その調印式の日に、御殿場の役場が独立のおめでたい日なんだから、この日は朝九時に一斉に各戸で日章旗を掲げるようにという通達を出したそうです。それを聞いた秩父宮は役場に、調印式は午後一時なのだから、朝から揚げろというのはおかしいじゃないかと苦情の電話をかけたんですね。

要するに、午後一時まではまだ日本は独立していないから、ということなんです。いちゃもんのようにも聞こえますが（笑）、秩父宮はその顚末をある雑誌に書き残しています。それを読むと、日本人はいつもこうだ、朝九時にお上から揚げろと指示されたら何も考えずに言う通り揚げてしまう、それではいけないということを戦後の民主主義が教えているではないか、とまで書いている。

天皇の弟が、回覧板一つで言うことを聞いてしまう日本人の「お上意識」を批判しているというところがミソです。僕も読んで、ここまで書いていたのかと驚いたほど。でも、秩父宮という人は割とこういう原則主義者的なところがある人だったんですね。

ちょうど昭和天皇が亡くなるころ、秩父宮の評伝を書こうと四年ほど資料を集めたり、関係者に話を聞いたりしていました。

秩父宮は昭和天皇と一歳違いでした。その下に、高松宮、三笠宮と続く四人兄弟です。明治天皇も大正天皇も弟宮がおらず、侍従たちも第二皇子以下にどういう教育をしたらいいのかノウハウがなく、かなり困っていたというのが本音だったと思います。西園寺公望などが、教育を誤れば昔の壬申の乱のような皇子同士の争いが起こるのではと本気で心配していたほどでした。

昭和八年に昭和天皇の第一皇子、明仁親王が生まれるまで秩父宮は皇位の第一継承者という立場でした。その秩父宮への教育とはどんなものだったのかといえば、第一継承者としての帝王学教育と同時に、自身が天皇になるという野望のようなものは決して持ってはならないという、なんとも非常に矛盾するものでした。

彼は三十五歳で結核にかかり、五十歳で亡くなるのですが、それまでは第二皇子、兄の名代として様々な名誉職をこなし、寝る時間は三、四時間しかないほどの忙しい毎日でした。

ある意味では、戦前の天皇制下の犠牲者といってもいいかもしれません。

でも国民の間ではとても人気があったんですね。兄である昭和天皇と比べてもスラリと背が高く、国民体育大会だとかいろんなイベントに来賓として顔を出していました。でも、それは自分の人気ではなく兄上の人気なのだと、とても自制的に捉えていました。

戦後は結核の療養を続けながら、頼まれては原稿を書いたりしています。ちょっと驚くようなことも書いていますね。戦前の兄宮（昭和天皇）はまるでロボットのようでかわいそうだったとか、かなり大胆な物言いで。

亡くなったとき、秩父宮は遺書を二通残しています。一つは妃殿下の鏡台の引き出しの奥に入れられていました。どんなことが書いてあったかというと、自分はたまたまこういう地位に生まれてしまったが、葬儀はできるだけ簡素に、できることなら無宗教でやってほしい、そして解剖しても構わない、というものでした。

そんな秩父宮らしい逸話をもう一つ。彼は講和会議の模様を伝えるラジオに、じっと耳を近づけて聞いていました。当時のラジオは性能が悪くて、音声がとぎれとぎれでしたからね。

ちょうど講和会議で吉田茂首相の受諾演説が始まったときのことです。朝の九時か十時ぐらいでしたが、ハイライトともいえる場面ですね。なんとそのときに電力会社の工事が重なって、停電になってラジオが聞えなくなってしまったんですね。

秩父宮は怒り心頭で、電力会社にどうしてこんなに大事な演説のある時間に工事なんかするのかと苦情を申し述べます。電力会社の対応は、これは決まりですからという、誠につれないものだったと彼は書いています。

日本が独立するという大事な、しかも日本の首相が演説をするというときに、決まりだからといって停電させて工事をする日本人の無神経さに、彼は怒りをぶつけているのです。

秩父宮の妃殿下にも何度かお会いしてお話を聞かせてもらいました。そのなかでとても印象に残っている話があります。秩父宮はこの講和条約調印をとても喜んでいたけれども、それはただ単に日本が独立できた、ということではなかったと。彼は陸軍将校でもあったので、自分が属していた軍部というものがこのとき、まったく動きを止めているということを喜んでいたんですね。

秩父宮は東條英機が大嫌いだったんです。それで東條に対して、軍のあるべき姿について何度も質問状を送っているんですね。東條はさすがに頭に来たんでしょう、秩父宮に対してあなたにそんなことをいわれる筋合いはないという主旨の返答をしています。

日本全権一行、サンフランシスコへ

さて、これまで吉田茂という人物を軸に講和に向けてどのような動きがあったのかをかいつまんでお話ししてきました。ここでは、昭和二十六年九月四日から八日までの五日間にわたって開かれた講和会議がどのようなものだったのか、ということを検証していきたいと思います。

講和会議に日本の全権委員として出席したのは、全権代表の吉田茂首相以下、池田勇人大蔵大臣ら十一名で、ほかに国会派遣団や随員も含めると五十名以上の大所帯でした。

実は日本の代表がこうして国際会議に出席するのは、戦前の昭和八年に国際連盟を脱退して以来、なんと十八年ぶりなんですね。その日本が敗戦、占領という未曾有の体験をしてようやく国際社会へ復帰するという歴史的な場への登場ですから、吉田本人も二ヵ月ほど好きな葉巻も酒も一切絶って、講和会議へ臨んだのです。当時の新聞も、吉田全権一行の一挙手一投足を連日のように一面トップで伝えています。

開会の二日前に日本全権一行はサンフランシスコに入りましたが、そこでまず行ったことは、アメリカ国務長官のディーン・アチソン、そして吉田の交渉相手だったジョン・フォスター・ダレスへの面会でした。

そこで吉田は彼らからいくつかアドバイスを受けています。例えば中国問題です。

第二次世界大戦後、中国では蔣介石率いる中華民国政府と毛沢東の中国共産党の国共内戦に突入しました。中華民国はアメリカが、中国共産党はソ連がそれぞれ後押ししましたが、中国共産党が中華民国の首都だった南京を攻め落として一九四九年（昭和二十四）十月、中華人民共和国が誕生します。中華民国政府は台湾へ撤退してそこを拠点とします。いわゆる「二つの中国」問題ですね。

講和条約の条文（第二十八条）には、第二次世界大戦中に出された連合国共同宣言に署名、加入していた国で講和条約に参加しなかった国と二国間の平和条約を結ぶことができると規定しています。連合国共同宣言とは一九四二年に、日独伊の枢軸国と戦争していた連合国側に立ってその勝利に協力する旨を謳った宣言です。この条文に当てはまる国は、ソ連や中国、インドなど七カ国でした。

中国に関しては、中国共産党の中華人民共和国、台湾の中華民国いずれかと講和することになりますが、当然アメリカはソ連とべったりの中華人民共和国と日本の講和は望みませんし、吉田もそうでした。

それでこのときにどちらの中国との講和を日本が選択するかについて、アチソンは絶対にその話をするな、どちらかと講和すると日本が言い出すと悪影響があるからその話は条約が成立した後にしてほしいと忠告しています。

つけ加えるならば、講和条約で日本が放棄した台湾は中華人民共和国に帰属するのか、それとも台湾を実行支配した中華民国のものなのかという問題もこのときに出てきていたんですね。

いうまでもなく台湾は終戦まで日本の領土でしたが、この講和条約で日本が放棄することになります。ただ、日本が放棄した台湾がどこに帰属するのかというのは条文にはないのです。いまも中台問題は依然として東アジアの安全保障問題の一つとして存在していますが、こんなところにも講和条約のあいまいさが根を張っているんです。

トルーマン演説とアメリカの思惑

講和会議の五日間の流れは、『吉田茂とサンフランシスコ講和条約』(上下巻・三浦陽一、大月書店)などに詳しくまとめられています。

会場は、三千人以上を収容できるサンフランシスコ市のオペラ・ハウスでした。演説用の壇に向かって、五十二ヵ国の代表がアルファベット順に並んで座りました。日本だけ、最後のベトナム代表の後ろに座っています。

余談ですけど、アメリカのテレビ全米生中継というのはこの講和会議が最初なんですね。

このころアメリカのテレビ局のネットワークができて、講和会議の模様を数千万人のアメリカ人が観たそうです。

会議初日の冒頭に、アメリカのトルーマン大統領の演説がありました。トルーマンはこの講和条約が復讐の精神によるものではないことなどを強調しつつ、日本についてこう触れます。

「われわれ連合国は、日本を敵としてたたかい、日本を平和で民主的な国家に改造することに成功した。その結果、いま占領が終わろうとしている……」

（『吉田茂とサンフランシスコ講和条約』より）

そして「ソ連」という具体的な国名への言及は巧みに避けつつ、冷戦体制下で起こっている朝鮮戦争やアジアの安全保障についてのアメリカの考え方を披露し、講和条約発効後の日本の役割について言及します。

「日本は非武装であり、危険にさらされている。だから米軍は日本の要請によって当分の間日本にとどまるが、将来もし日本が防衛軍をつくったさいには、その日本軍は太平洋諸

国の軍と有機的一体をなすだろう。こうして日本は、平和のために献身することになるだろう」（同）

ここに、アメリカにとってのある種の後ろめたさがにじみ出ているように思うのは僕だけでしょうか。

アメリカとしては、自分たちの都合、自分たちの世界戦略上、日本に基地を置き続けたい。でもそうはっきりと言えないので、日本には今自分の国を守れるほどの軍事力もないため、日本からの要請で便宜的に駐留させているんですよ、というニュアンスになっていますね。

加えて、アメリカは日本が独立したら憲法を改正して正式な軍を保有すると考えていたことも、この演説から読み取ることができます。日本が自前の軍隊を持ったあかつきには、自由主義陣営の一員として地域の安全保障に貢献しますよ、ということですね。トルーマンの演説からも、アメリカの思惑というものが透けて見えてくるのです。

アメリカがこの講和会議で一番警戒していたのはもちろん、ソ連の策動です。最初は各国の全権に調印だけさせてハイ、シャンシャンと終わらせる予定だったのが、あまりにもアメリカのやり方が独断に過ぎるという批判が起こったので、各国の意見表明の場をつくり、会議も公開せざるをえなくなったのです。

直前のソ連参加表明

昭和二十六年八月、ソ連のスターリンが突然、講和会議に参加するといいだします。吉田は対策として、ソ連が参加してきた場合のためと、そうでない場合のための二種類の演説原稿を用意していました。ちなみにソ連が出席しない前提でまとめられた原稿には、完全にソ連を敵国扱いする内容になっていました。

ソ連が出席するということになればこれは全面講和になると、吉田の単独講和路線に反対し続けていた全面講和派はこれで一気に盛り上がります。ただここで注意しなくてはならないのは、ソ連の参加の意図は日本の全面講和派が望んでいたようなものではありませんでした。

ソ連の意図というのは、日本がアメリカと同盟関係を結んでしまう前にそこにくさびを打ち込んで、日本の全面講和派を利用して日米間を離反させるというものでした。さらには、領土問題を含めて日本側から今後提起されるであろう、すべての要求を抑え込んでしまおうというものです。

あのころ、ソ連の外交官でアンドレイ・グロムイコという人がいました。のちに外務大臣になって三十年近くも外相の座にあった人でしたが、講和会議ではソ連代表でした。

このグロムイコは、共産主義国の外交とはどういうものかを象徴するような人でしたね。普通、会議というのは双方で議論を戦わせながら最後は一つの落としどころに持っていくものですけど、彼のやり方は発言の持ち時間をオーバーするまで一方的に自説をまくしたてるというものでした。

普通は他国の代表への配慮から持ち時間以内におさめるものですが、共産主義国家というのはそれをアメリカ式だ、自分たちには自分たちの会議の仕方があるんだという考え方でした。まあ、目的は会議そのものをぶち壊しにしてやろうということなんだろうけれど。キューバのフィデル・カストロ議長も国連などでは一日じゅう一人で演説してましたけど(笑)、吉田はそういう共産主義的な交渉作法というのをよくわかっていました。

グロムイコの交渉術

ロシア流交渉術という話になったのでちょっと脱線しますが、北方領土問題があります。終戦直前の話ですけど、ヤルタ協定に基づいてソ連は八月八日に対日宣戦布告します。日本がポツダム宣言を受諾し降伏したのは八月十四日でしたが、その後もソ連は南樺太から北方四島の択捉島、国後島、色丹島を次々に占領していきましたね。それで九月二日が降伏文書への調印でしたが、ソ連はそれ以降の九月五日に歯舞島を占領したんです。

九月二日までは日本との戦争状態が継続していた、と言い張れるかもしれませんが、歯舞に至ってはその後ですからその論法すら成り立ちません。

でも、ロシアの外交官は自国の共産党史に歯舞の占領は九月二日までに終わったと書いてある、と言い張るんですね。こういう主張をされたとき、日本人としてはどう反論すればいいのかという問題があります。おたくの党史は歴史の改ざんだとこっちが言ったら、相手は激高するだけなんだそうです。

ある外務省の方に聞いたら、一番いいのは「あなた方の国の党史なんてこちらは知らないし、党史にどう書いてあろうとこちら日本には一切関係ない」という態度をとることなのだそうです。

昭和三十年ごろに農林大臣として日ソ漁業交渉をまとめた河野一郎の話も似ています。例えば会議をやっても話が全然前に進まないので、もう見限ったとばかりに翌日帰国の飛行機に乗り込もうとしたら、ソ連の担当者がタラップまで駆け寄ってきて妥協案を提示してきたというような……。

もう一つ思い出すのは、昭和十四年に起こったノモンハン事件でのことです。辞典風に紹介すれば、この事件とは昭和七年に満州国ができ、その満州国と隣国のモンゴル人民共和国との間で国境線をめぐって起きた国境紛争です。それが発端で満州国を実質的に支配していた日本と、モンゴルと相互援助協定を結んでいたソ連両軍がノモンハンで大規模な軍事衝突を起こしたんですね。

その後日ソ間で停戦協定が結ばれるんですが、そもそもは関東軍が大本営の方針を聞かずに独断で戦線を拡大したことの結果でした。関東軍は国境線が明確でない地域では現地の防衛司令官が自主的に国境線を認定できるという決まり（「満ソ国境紛争処理要綱」）をつくり、大本営も黙認していたんですが、政府にはそのような方針があることを知らせていなかったんです。

つまり、停戦協定を現地の日ソ軍司令官同士で話し合い、国境線を画定してしまおうということです。でも、これに危惧を抱いたのは当時の東郷茂徳外務大臣です。

東郷外相は、ソ連がどういう強圧な交渉をする国かよくわかっていましたから、関東軍の軍人だけにまかせると、後で取り返しのつかないことになると思ったんですね。そもそも現地のソ連軍司令官がここまでならいいよと言ったって、後になってそんな決めごとは無効だとひっくり返されたらおしまいです。それで東郷外相は交渉ルートをソ連の外務大臣として、駐モスクワ大使館に交渉を行わせたのです。

全面講和派を失望させたソ連の条約修正案

講和会議二日目、議長席に座るアチソン国務長官にやおら発言を求めたのがソ連全権代表のグロムイコその人でした。

彼はそこで、今進められている議事規則の採決をとる前に、中国共産党を出席させるべきだとまくしたてます。アチソンは採決を先行するべきと譲りませんが、ソ連の衛星国、チェコやポーランドの代表がソ連の主張に賛同する意見を次々に表明して会議は紛糾します。

アメリカが恐れていた事態ですね。ただソ連としても緻密に戦略を練ったという感じではないんです。結局のところ多勢に無勢、四十八対三で議事規則は可決され、ソ連は身動きがとれなくなってしまいます。

休憩を挟んで再びグロムイコが登壇し、大演説をぶちかまします。とにかくやたら長く、同じ話を何度も繰り返すので途中でブーイングが起こったほどなんですが、要するにソ連はこの条約案に署名しないと。理由は、次の発言に要約されているといってもいいでしょう。

「アメリカは日本を支配下におこうとしている。この条約はアジアの平和ではなく新しい戦争をもたらす。伝えられる日米安保も日本の主権を犯し、日本の資源を戦争に動員するためのものである」(同)

グロムイコの本音は、ソ連だって連合国として日本と対峙したんだから、それ相応の見返り、つまり日本に対する権益を要求する資格があるはずだ、ということでしょうね。だから、アメリカが日本を都合よく自身の陣営固めに利用するとはけしからん、と。

というわけでグロムイコは十三項目に及ぶ講和条約の修正案を提案します。この内容が凄いんですね。参考までに列挙してみましょう。

一、樺太と千島のソ連への帰属
二、日本の主権を琉球諸島へ拡大
三、日本に駐留する全軍隊を、条約署名後九〇日以内に撤退
四、中国、インドネシア、ビルマ、フィリピンとの賠償会議の開催
五、中共の条約署名国への参加
六、台湾の帰属を中共とする

七、言論、信仰の自由を含むあらゆる人権を保障するための必要な措置
八、軍国主義的色彩を持つすべての組織の禁止
九、第二次世界大戦で日本と戦った国を目標とする軍事同盟への日本の参加禁止
十、日本の軍隊を陸軍、警察併せて十五万、海軍二万五千、空軍二万、戦闘機二百機、輸送機その他最高百五十機、重戦車、中戦車併せて最高二百台に制限
十一、以上の軍隊を維持するために必要な軍事訓練を除き、それ以外は禁止
十二、原子、細菌その他の大量殺戮兵器を禁止
十三、宗谷海峡、根室海峡及び日本側の全沿岸、ならびに津軽海峡、津島海峡を非武装とし、あらゆる国の船舶が自由に通航できることとする。ただし、右の諸海峡において軍艦は、日本海に接する諸国のみが自由に通航できるものとする。

どうでしょうか。講和条約案では琉球諸島はアメリカの施政権下におかれるとありますから、ソ連はそこからアメリカを追い出し、日本海をソ連の商船や軍艦が自由に航行できるようにしたかったということですね。

もう一つつけ加えれば、ここにも領土問題が入っています。第一項の「樺太と千島のソ連への帰属」のところです。

講和条約案（第二条）では、日本は千島列島、樺太の一部を放棄するとだけあって、その帰属先については明言されていません。

ソ連は講和条約案作成の過程でそこにソ連を帰属先として明示するよう要求したのですが、受け入れられなかったんですね。最終的にソ連は講和条約を批准しなかったので、その後もそれに拘束されるいわれはないという姿勢を取り続け、北方領土はソ連、その後のロシアに編入されたままです。いわば既成事実が優先された状態になっているということです。

ソ連が講和会議で、その帰属先をソ連とするよう求めたということはどういうことか。つまりソ連（ロシア）は北方領土について、少なくともこの講和会議の時点では帰属先が未定で、その後の日ソ間の平和条約によって決まるという考え方をしていたことになるんですね。

ここのところが、ソ連が北方領土問題に関して外交的に致命的な失敗をおかしたといわれる所以ですけど、それは次の9章で詳しく見てみたいと思います。

このグロムイコ演説は、日本国内でソ連を含む全面講和を主張していた人たちをも落胆させる結果になりました。例えば社会党左派の鈴木茂三郎もこのグロムイコ演説を聞いて、当時次のような談話を語っています。

「少なくとも千島にあるソ連の軍事基地をつぶして南樺太とともに日本に返還し、同時に中ソ友好同盟を廃棄した上で米国とともに日本の中立を保障する平和への建設的な態度をとって、ソ連が真に平和愛好者だということをみずから立証するような主張でなければ全然筋が通らない。全般的にソ連の修正案には失望した」

結局「アメリカは日本を支配下において戦争を準備している」といいつつも、この提案内容を読んでみれば平和のためでないことは明らかです。日本の全面講和派の動向などをソ連がもっと理解してそれに沿う案でも出していたらどうなったことか……。こんなところにも、ソ連の外交的失態があったのかもしれません。

日本への米軍駐留に異議申し立てした中東諸国

この講和会議ではもちろんソ連だけでなく、各国の代表が演説をしています。それらを全部読んでみると、そこには三つの特徴があることがわかります。まあ、これは僕の私見ですから違うという人もいるかもしれませんが。

まずは「反共派」というべきグループです。アメリカと政治的外交的に非常に近い国々ですね。アメリカの主張に全面的に賛同して、日本がアメリカの従属下におかれることを正しいと認識している国々とも言い換えられます。オーストラリアやニュージーランドなどがそうです。いわば反共でがっちりと固まっている、盟主アメリカの旗本といったところです。

お次は「賠償派」ですね。要するに日本が戦争中、占領地行政を敷いたアジアの国々などです。

アメリカは講和を主導するため各国に対日賠償放棄を説得して歩いたんですね。日本の戦争に巻き込まれて実際に被害を受けた国々は、渋々講和会議に参加したわけです。インドネシアやベトナム、オランダなどがそうで、彼らは賠償について、個別に後で日本と話し合うつもりだと演説でも話しています。

もう一つは「正論派」とでもいいましょうか。日本は独立を果たしたのにアメリカから基地を押し付けられているのはおかしいではないか、国家主権の侵害ではないかという、しごくもっともな主張をした国々です。

例えばエジプトやシリア、イラクやレバノンといった主に中東諸国が、そんな指摘をしているのです。なぜならこれらの国は、かつて宗主国に植民地化された経験があるから、自分たちの国が日本のように大国から不平等な条約を押し付けられる怖さが身に染みているんですね。このようなことがいつか自分たちの国にもふりかかってくるだろう、切実な問題と認識しての主張だったのです。

各国代表の演説は様々でしたが、ひときわ日本代表団の心を打ったものがありました。例えばフィリピンのロムロ代表ですね。ご存知の通り、フィリピンは太平洋戦争で日本が占領して軍政を敷いたところです。日本軍の進撃で叩きだされたアメリカ極東陸軍の司令官がマッカーサーその人で、そのときの「アイ・シャル・リターン（私は帰ってくる）」というせりふが有名ですが。

太平洋戦争終盤の日米によるフィリピンでの戦いの結果、日本軍の死者五十万、フィリピン人死者百万。首都のマニラは激しい戦闘で廃墟のようになりましたから、このときのフィリピン人の対日感情は推して知るべしでしょう。

当然、ロムロ代表も日本軍による言語に絶する被害を受けた事実から、賠償権放棄を謳う講和条約の条項には不満を述べています。でも、最後にこう話したんですね。

「日本国民にフィリピン国民に代わってこう申し上げたい。あなたがたは、わたくしどもに重大な損害を与えた。言葉でそれを償うことはできないし、あなたがたの持っている金や富をもってしてもこれを償うことはできない。しかし運命は、わたくしどもに隣人として一緒に生きねばならない、また、隣人として平和に生きねばならないと命じた。アジアには天の下人類は同胞という諺がある。しかし同胞とは心の問題であって開花するにはまず心が清純でなければならない。相互の間に憎悪の牙が永遠に追放されるよう希望する。それがためには、われわれが許しと友情の手を差し伸べる前に、あなたがたから精神的悔悟と再生の証拠をもらわねばならない」

（『日本外交史27・サンフランシスコ平和条約』より）

どこかの代表のように怒りをぶちまけるのではなく、それをぐっと抑えたとても格調高い演説で、聞き入っていた日本代表団の胸を強く打ちました。

吉田茂を感激させたセイロン代表演説

もう一つはセイロン、今のスリランカですけど、その代表だったジャヤワルデネという人の演説です。

セイロンはインド洋、インド亜大陸の南東に浮かぶ島ですが、ここも日本軍による被害を受けています。太平洋戦争の緒戦で日本が東南アジアを制圧すると、イギリス東洋艦隊の一部が基地のあったセイロンに逃げてしまいます。

日本海軍はこの際だから全部撃滅してしまえと機動部隊を派遣、一戦を交えます（セイロン沖海戦）。このときにコロンボ湾などを爆撃したわけです。

ジャヤワルデネ氏はその演説で、日本には自由が与えられるべきだと主張します。条約作成の過程でインドやパキスタンも同じように考えて、日本が自由になるようみんなで努力したんだと。なぜかというと、アジアの諸民族はかつての強い、独立した日本に畏敬の念を持っていたからなんだというわけです。

多くのアジア諸国が列強の植民地下にあった当時の状況や、植民地下のアジアの人々がどう日本を見ていたのか、その一端がうかがえる内容ですね。

そのうえで、日本軍の空襲で被害を受けたから賠償を請求する権利はあるけど、それはしないと表明します。その理由を、ジャヤワルデネ氏はこう説明しました。

「偉大なる仏陀の言ったように『憎悪は憎悪によって取り除かれない。愛によって取り除かれる』からである。日本の自由に制限を設けるというソヴィエト連邦の主張に賛成しない。ソヴィエト連邦は南西諸島を日本に返還せよという。では、南樺太・千島列島を日本に返還してはどうか。ソヴィエト連邦は日本は基礎的自由を享有すべきであると言われるが、その自由はソヴィエト国民こそ欲しがっているものである。この条約は敗れた敵に対し寛大であり正しいものである。日本国に友情の手を差し伸べる。平和と繁栄のうちに人間生命の尊さを享受すべく手を携えて進もう」

このジャヤワルデネ氏の演説には吉田茂もかなり感銘を受けたようで、自身の回想録にもそのときの喜びを綴っているほどです。

アメリカが手を入れた吉田の演説原稿

そして講和会議開催四日目の九月七日、いよいよ吉田茂による講和条約の受諾演説が行われるのですが、実はその前日、アチソンや国務省スタッフのシーボルトに演説原稿を非公式に吉田が見せているんです。

そうしたら徹底的にチェックされて、こういうことは言うなとか、ここはこう言えとかなり書き直されているんですね。元々の演説原稿ではかなりソ連に対する批判的な内容が含まれていたようで、特にその点にアメリカ側から修正が集中したと推察できます。

余談ですけど、吉田はこのとき英語で演説する予定だったんですね。ところが、吉田の英語というのはかなりヘタで(笑)、アメリカは吉田の英語力に大いなる不安を感じていたんですね。もちろん吉田はイギリスのケンブリッジ大学を出て駐英大使の経験もあったのですが、英語は今一つだったというのが定説です。

ダレスが演説の草稿を読んで、吉田に諭すのです。ロシアの代表はロシア語で演説するし、他の国もみな自分の国の言葉で演説するのだから、あなたも日本語で演説したほうがいいと。それで吉田も日本語で演説することになったんです。

手取り足取り、何から何まで日本はアメリカのいいなりだったという悲哀が漂う話ですね。吉田本人も相当プライドを傷つけられながら、その要求を飲んだそうですが。

随員のなかには後の総理大臣、宮沢喜一がいたんです。彼は終戦まで大蔵官僚を務め、このときは池田勇人蔵相の秘書官でした。彼の回想録『戦後政治の証言』（読売新聞社、一九九一）に、そのときの様子が描かれています。

急に日本語の演説原稿をつくることになって、サンフランシスコのチャイナタウンで筆墨と巻紙を調達し、吉田の宿泊先のホテルの廊下でそれを並べてつなぎあわせたという涙ぐましいエピソードが披露されています。外国人記者には吉田がくるくると巻物を回しながら読むのが珍しくて、トイレットペーパーなどと揶揄されたそうですが。

吉田の演説は、

「ここに提示された平和条約は、懲罰的な条項や報復的な条項を含まず、わが国民に恒久的な制限を課することなく、日本に完全な主権と平等と自由とを回復し、日本を自由かつ平等の一員として国際社会へ迎えるものであります。この平和条約は、復讐の条約ではなく、『和解』と『信頼』の文書であります。日本全権はこの公平寛大なる平和条約を欣然受諾いたします」

という一節から始まります。続けて、他国の代表から批判や苦情を受けたけれど、すべての国を満足させることは難しい、日本人としても「若干の点について苦悩と憂慮を感じることを否定できない」のであると。

吉田がそこで挙げたのは、まず終戦のどさくさにソ連に占領された北方領土の問題です。要するに、それらは講和条約で日本が放棄すべき領土には該当しないはずなのに、ソ連が占領したままになっていることへの抗議です。

次が賠償問題です。一部の国々から要求が出ている賠償について、今の日本はアメリカの援助で経済がもっているような状態なのだから、そのことを考慮してほしいという内容ですね。

それから、当時三十四万人にも及んだ未帰還者の問題です。戦後、外地にいた軍人が続々と引き揚げてきますが、ソ連や中国で消息が不明のままになっていた人たちがそれだけいたんですね。シベリア抑留などがそうです。実際は、その数字より多かったと思いますが。

こうした点を指摘しながら、今日の日本はもはや昨日の日本ではない、古い日本の残骸のなかから新しい日本が生まれたのだと。そして「われわれは今後日本のみならず、全人類が協調と進歩の恵沢を享受せんことを祈るものであります」と結んでいます。

日本の演説をもって各国のスピーチは終わるのですが、その後もソ連のグロムイコなどが意見表明を重ねて求めたり、イギリス代表の演説中にソ連代表団が突然退場して議場が騒然となったりと一波乱あったんですね。退場したグロムイコ一行はトイレに行ってまた自分の席に戻ってくるという（笑）、何とも不可解な行動ばかりが世界の注目を集めました。

日本がアメリカの支配下に組み込まれた日

そして最終日の九月八日十時、いよいよ調印式を迎えます。

案の定、ソ連とポーランド、チェコスロヴァキアの共産三ヵ国は議場に現れず、調印は四十九ヵ国で粛々と行われました。

翌九日の『朝日新聞』は「講和条約ここに調印」の大見出しを一面に掲げ、社説はこんな書き出しで始まっています。

「サンフランシスコ会議第四日の夜、わが吉田主席全権は、ついに講和条約受諾を表する演説を行った。これは、わが全権としては予定したところであって、いまさら国民の意表に出ることではないが、太平洋をわたる電波を通してこれを聞く国民には、感慨すこぶる深からざるを得ない」

さらに九月十日の天声人語子は、こんなふうに講和会議を総括しています。

「五十二本目の旗が、講和調印式場の壇上に各国旗と同列に並んだ。日章旗である。日本も六星霜ぶりに、曲がりなりに独立国として一本立ちの姿をとりもどした」

「賠償かせぎに精出すうちには、心がけ次第で産業も大いに興ってこよう。製品のサンプルをアジア諸国に無料配布するくらいの大らかな気持がほしい（略）長期の定期預金のつもりで、苦しくとも微笑を忘れずに働きましょう」

このころの新聞広告には、「講和記念」というキャッチコピーがあちこちに躍るようになりますね。ちなみに全面講和論でキャンペーンを張っていた雑誌『世界』の十月特大号

「講和問題特輯」のコピーはこんなふうです。

「われわれの家庭、われわれの子供たち、そのつつましい幸福と希望！
講和はそれを守るか、脅すか、百十名の識者が語る直実の叫びを聞こう」

一方で、当時の大手銀行が名前を連ねた四段抜きの大広告は「講和記念特別貯蓄運動」と題され、

「待ちに待った講和条約が調印されて、いよいよ、わが国が独立国家として国際経済に参加を許されることになりました」

というコピーが躍っています。これからは他国の世話にならずにやっていけるよう、みんなで貯蓄をしようという呼びかけなんですね。

先に紹介した天声人語と同じ九月十日の朝日新聞に、ちょっと気になる記事があったので余談かたがた触れておきましょう。見出しは「〝南海の生存者〟引取りへ　孤島、密林に数千？　野ざらしの遺骨も収容」というものです。

「講和会議は終った。日本人が世界人として登場する待望の日がきたのだ。しかし（略）いまなお南海の島々やジャングルの奥などには『講和』はおろか、『終戦』さえ知らぬ在りし日の将兵、避難者などが相当数、生存しているものと推定される――」

その後、グアム島で発見された横井庄一さんやフィリピンで生存していた小野田寛郎さんのような、終戦も知らずにジャングルを彷徨《さまよ》っていた日本兵がこのころ、まだたくさんいたんですね。でも、占領下では在外公館もないので探そうにも探せなかったのです。独立を果たして、ようやく生存者の捜索や遺骨収拾に乗り出そうという、ちょっと物悲しい話なんです。

余談はこのくらいにしまして講和会議をあらためて振り返ってみると、最終的にアメリカが意図した通りの内容になったといえると思います。アメリカの狙いはかつての敵国だった日本を、東西冷戦体制のなかで自由主義陣営の一員として位置づけ、それを世界に印象づけることでした。事実、その通りにことは運びました。

一方の共産主義陣営の盟主、ソ連の動きには稚拙さばかりが目立ちました。自由主義陣営に日本が組み込まれるのを阻止するのに失敗し、結局講和条約への署名を拒否します。

これがすでにお話ししたように、後に大きな外交的失態だったと評価されるようになっていくんですね。

では日本にとって、講和会議とはどのように歴史に位置づけられるのでしょうか。

一言でいうなら、日本が自主的に、アメリカに従属することを選択したということです。アメリカはこのときまでの六年八ヵ月間、日本で占領地行政を敷いて、アメリカの都合で自由に日本の領土内で軍隊を駐屯させてきました。

独立した日本に対して、今まで通り自由にアメリカ軍を駐留させるためにはどうしたらいいのか……。その難問に上手に整合性を持たせて、あくまでも合法的に行えるようにしたのが講和条約であり、そして講和会議最終日の夕刻、ひっそりと行われた日米安全保障条約の締結だったということになります。

さらにはその後結ばれた日米行政協定の締結、つまり日本にある米軍の基地を全面的に容認するというこれらの三点セットをもって日本に駐留する米軍基地の治外法権化が確立され、名実共にアメリカの支配下に日本が組み込まれたのが、この講和会議の歴史的な意味であろうと思います。

軍事の時代と経済の時代

一般的な歴史の本とはちょっと違う僕の視点でいいますと、昭和二十七年四月二十八日の講和条約発効の日を軸に、その前と後で一種の相関関係があるんですね。

昭和六年の満州事変から二十年八月の終戦の日までの約十四年間という時間は、いわば日本が国際社会のなかで孤立していき、戦争へと突き進んでいった時間です。

今度は講和条約発効のあと、岸内閣によって新日米安保条約が結ばれた昭和三十五年から、第一次オイルショックのあった昭和四十八年までの十三年間という時間があります。戦前の十四年間は軍事で、そして戦後の十三年間は経済で日本人が突き進んでいったんですね。

この二つの時間を比べてみると、日本人特有のものの考え方、日本人のシステムのつくり方のような相似形が象徴的に表れているんじゃないかと思うんです。一度は軍事で失敗したけれど、同じシステムを使いながら今度は経済で再興を果たしたと僕は捉えているんです。

どうして戦前と戦後が似てくるのか。その理由はいろいろあると思いますけど、ひとつはエネルギーという問題なんだと思います。日本という国が国際社会のなかで地位を拡大するうえで、どうしても欠かすことができないエネルギーを、外国に依存しているということです。

戦前は、アメリカから石油の供給を絶たれたことが開戦の理由です。戦後も、中東戦争により、産油国の思惑からオイルショックが起こって経済の失速を余儀なくされましたね。そう考えると、日本というのは非常に脆い、砂上の楼閣のような存在だなあとあらためて思います。

オイルショックのとき、当時の日本の政府にはお金さえちゃんと払えば石油はいくらでも入ってくるものだという楽観があったんですね。それは戦前も同じで、アメリカが日本への石油の供給をストップするなんてことはありえない、向こうだって商売だから売らなければ自分が困るはずだ、という政治指導者たちの楽観的な考えがあり、どちらもことごとく裏切られました。

でも、前者の軍事至上主義で失敗した経験のなかから、戦後の経済至上主義に生かされているものもあります。例えば、戦後の日本経済をリードしていった人たちのなかに、戦前の軍事体制下で官僚を経験した人たちがいました。

言い換えるなら、終戦までの軍事体制と戦後の経済至上体制の二つの時間軸の中心に、このサンフランシスコ講和条約というのが位置づけられるということです。

講和条約といっても、今の若者にはピンとこないかも知れませんけれど、今日本を揺るがしている問題を突き詰めていくと、講和条約にその芽があるものは少なくありません。そういう視点で、次はこの講和条約の条文について詳しく論じてみたいと思います。

第9章

「北方領土、尖閣、竹島」再考

——講和条約と領土問題

中国の「尖閣」キャンペーン

日中間で尖閣諸島を巡る対立が激しさを増していますね。二〇一二年、野田内閣が尖閣諸島の国有化に踏み切って中国で大反発が起こり、大規模なデモや暴動が中国各地の日系企業を襲ったニュースは記憶に新しいところです。

この騒動の後、当時の玄葉光一郎外相がフランスやイギリスなどヨーロッパ諸国を歴訪したんです。そのときに外交筋から聞いたのですが、玄葉外相は尖閣問題について相手国の要人たちに、尖閣は「わが国の固有の領土」で、中国がそれを理解しないだけだという主旨の説明をして歩いたそうです。

ところがヨーロッパ諸国は玄葉外相の主張に、とことん無反応だったといいます。それはなぜかというと、中国側がすでに先手を打ち、尖閣に関するキャンペーンを張っていたからなんです。

その際に中国が説得の材料として持ち出したのが、一九四三年のカイロ宣言だというんですね。カイロ宣言とは太平洋戦争真っ盛りのときに、アメリカのルーズベルト大統領、イギリスのチャーチル首相、中国国民政府の蔣介石の三者間で取り決めた日本に対する基本方針です。そこには次のような文章があります。

「(略)同盟国ノ目的ハ日本国ヨリ千九百十四年ノ第一次世界戦争ノ開始以後ニ於テ日本国カ奪取シ又ハ占領シタル太平洋ニ於ケル一切ノ島嶼ヲ剥奪スルコト並ニ満洲、台湾及澎湖島ノ如キ日本国カ清国人ヨリ盗取シタル一切ノ地域ヲ中華民国ニ返還スルコトニ在リ日本国ハ又暴力及貧慾ニ依リ日本国ノ略取シタル他ノ一切ノ地域ヨリ駆逐セラルヘシ」

どういうことかというと、中国政府はこの「満洲、台湾及澎湖島ノ如キ日本国カ清国人ヨリ盗取シタル一切ノ地域ヲ中華民国ニ返還スルコト」というくだりを示して、尖閣諸島は台湾に付随する島だからカイロ宣言にわが国の領有の根拠があるとしているわけです。中国は尖閣の領有権を主張するようになって以降、一貫して日本が「盗み取った」という表現を使ってきましたが、どうもこのカイロ宣言の表現を援用しているようなんですね。

歴史を語れない日本人

これがどう関係してくるのかというと、カイロ宣言の内容がその後のポツダム宣言に引き継がれます。このポツダム宣言を日本は受諾して連合国に降伏したわけですが、それを内容的に踏まえてつくられたのがサンフランシスコ講和条約ということなんです。

もちろん日本の外務省の見解は、カイロ宣言で尖閣諸島が台湾の付属島嶼であると当時の連合国側が認識していたという事実を示す根拠がないし、最終的な領土処理はサンフランシスコ講和条約であって、カイロ宣言には最終的な法的効果がないとして一蹴していますけれど。

つまり、中国は歴史解釈を総動員して他国を説得し、自分たちの正当性を主張して歩いているわけなんです。それに対して、日本の外務大臣がただ「固有の領土です」の一言だけで第三者に理解してもらうことが果たしてできるのか、ということなんですね。

日本人はこうした問題が起こったときに、どうしても受け身になってしまうクセがついてしまったんでしょうね。相手国が「日本が盗み取った」と諸外国に説いて回っているのなら、それは事実ではない、無人であることを確認したうえで慎重に、合法的に領有化したんだということを歴史的な事実を踏まえてこちらも説かなくてはいけません。

日本が「固有の領土」という言葉だけで思考停止してしまっている現状を思うと、歴史をひもときながら論を立てていく能力というものが、日本人は衰えてしまっているんじゃないかと心配です。その能力とは、国力のことでもありますから。

歴史に弱い日本人という話でもう一つ。この年の尖閣問題がどのように起こったかというと、まず四月十七日未明、ワシントンで石原慎太郎都知事(当時)が東京都による尖閣購入をぶち上げました。この動きを受けて野田佳彦首相（当時）が尖閣諸島を国有化する方針を明言したのが七月七日です。そして九月十一日に日本政府が魚釣島など三島を地権者から買い取って国有化し、中国各地でデモが発生して週末の十八日前後にピークを迎えます。日本人はあまり意識しませんが、この流れに出てくる日づけが重要なのです。

まず石原さんが購入に言及した日というのが中国にとってどういう日か。それは一八九五年、日清戦争で清国が敗れ、山口県の下関で講和のための下関条約を結んだ日なんです。清国は莫大な賠償金を課せられ、台湾や遼東半島を日本に割譲された、中国からしたら歴史的にも屈辱的な日なのです。

さらに野田さんが尖閣の国有化を表明した七月七日は、中国では「国恥記念日」とされる日だったのです。何の日かというと昭和十二年の盧溝橋事件の日です。北京（当時は北平）郊外の盧溝橋近くで夜間演習をやっていた日本の支那駐屯軍部隊に対して中国軍陣地方向から発砲があり、すわ攻撃かということで一時は軍事的な緊張が走った事件です。日中間でそれから八年におよぶ全面戦争に突入していくきっかけになった事件ですね。おまけに政府が国有化した日も、これも中国で国恥記念日といわれる柳条湖事件のあった九月十八日の直前というタイミングでした。柳条湖事件とは関東軍が謀略で南満州鉄道を爆破し、中国軍の犯行として満州事変に続いていく入り口になった事件のことです。

要するに、例えば広島に原爆が投下された八月六日に、中国や北朝鮮が核実験をやったり弾道ミサイルを発射したら、日本人はどんな反応を示すでしょうか。それと同じことなんだと、中国の歴史に詳しい方が説明してくれました。

ですからどうしてそんな日に、政府は尖閣の国有化をしたのかということなんです。デモが暴徒化していったことに当時の野田内閣はずいぶん困惑していたようですから、何か深謀があってあえてその日を選んだということではなさそうです。まあ、石原さんの場合は確信犯かもしれませんけど。

であるならば、野田首相も外務省もいかに歴史に無知であるかという話です。中国は尖閣諸島を日本に奪われたと言っているわけですね。日本による強奪を象徴する三つの日に日本が尖閣の国有化をぶつけてきたということが、中国人のどのような強烈な反応を呼び起こすか。火に油をそそぐ結果につながることが想定できなかったのでしょうか。

こういう歴史的な日について、一番無頓着なのは日本人なんですね。アメリカだって、ある出来事を歴史に意図的に刻むのが好きなんです。例えば、東京裁判でA級戦犯二十八名を起訴した日は四月二十九日、これは昭和天皇の誕生日です。さらには、死刑を執行したのが十二月二十三日、こちらは明仁天皇の誕生日なんですから。

尖閣諸島問題に限らず、ロシアとの間に今なお続く北方領土問題、お隣の韓国との間の竹島問題と、領土に関する話がかまびすしいですね。ロシアの大統領が国後島を訪問し、今度は韓国の前大統領までが不法占拠状態の竹島に足を運ぶという日本側からしたら暴挙ともいうべき行為を行い、挙句の果てには中国の漁船やら監視船が続々と尖閣諸島の日本領海を侵犯するように……。

どっちが先にその島を見つけたかという話になるとこれはもう果てしない論争になってしまいますし、ここでもしません。それよりも、日本があの戦争で敗北し、新しい日本の国のかたちを定義したともいえる講和条約を軸にしながら、この領土問題の本質とは何なのかをお話ししてみたいと思うのです。

日本の領土を定めた講和条約第二条

サンフランシスコ講和条約は全部で二十七条から成り立っています。講和条約というのは簡単にいうと、太平洋戦争の敗戦から占領期間を経て日本が独立し、国際社会に復帰する際に、条約を結んだ国々から日本がどういう要求を受け、それを日本が受け入れましたよという約束ですね。その意味では、ここに書かれていることは日本の国是といってもいいかもしれません。

領土問題を論じる記事をご覧になる方も多いと思いますが、この講和条約のことがよく顔を出します。では日本の領土についてどう書いているのか、次の条文を読んでみてください。

『日本国との平和条約　第二章　第二条』

(a)日本国は、朝鮮の独立を承認して、済州島、巨文島及び鬱陵島を含む朝鮮に対するすべての権利、権原及び請求権を放棄する。
(b)日本国は、台湾及び澎湖諸島に対するすべての権利、権原及び請求権を放棄する。
(c)日本国は、千島列島並びに日本国が千九百五年九月五日のポーツマス条約の結果として主権を獲得した樺太の一部及びこれに近接する諸島に対するすべての権利、権原及び請求権を放棄する。
(d)日本国は、国際連盟の委任統治制度に関連するすべての権利、権原及び請求権を放棄し、且つ、以前に日本国の委任統治の下にあった太平洋の諸島に信託統治制度を及ぼす千九百四十七年四月二日の国際連合安全保障理事会の行動を受諾する。
(e)日本国は、日本国民の活動に由来するか又は他に由来するかを問わず、南極地域のいずれの部分に対する権利若しくは権原又はいずれの部分に関する利益についても、すべての請求権を放棄する。

（f）日本国は、新南群島及び西沙群島に対するすべての権利、権原及び請求権を放棄する。

ちなみにインドが講和会議に不参加を表明した理由が、この領土に関する規定だったんですね。つまり、日本が暴力的に奪取したわけでもない島々まで放棄させられるのはおかしいじゃないかと。自国の領土を大国の意のままにされるのは、植民地におかれていた国々にとっては他人事ではない話でしょうから。

終戦後にソ連に占領された北方領土

それではまず、北方領土問題について考えてみることにしましょう。領土問題は複雑でよくわからないという人のために少々解説しますから、そんなこと知ってるよという方は飛ばしていただいても結構です。

頭の中で北海道の地図を思い浮かべてみてください。道東に二つ、飛び出している半島があって、南側が根室半島、北側が知床半島です。根室半島のすぐ東側に小さな歯舞諸島が並び、その先が色丹島。今度は知床半島のすぐ東側に細長い国後島、そしてその先に一番大きな択捉島が位置します。

択捉島の先にもカムチャッカ半島まで点々と諸島群が連なっていますね。これらを総称して日本側では千島列島、ロシア側ではクリル諸島と呼びます。

まず歴史的なことから先にいってしまうと、一九八〇年代から九〇年代にかけて日ソ間で行われた平和条約作業というのがあります。ここで要するにどちらが先に北方四島を見つけたのかということが徹底的に議論されて、北方四島については日本、その先のウルップ島以北はロシアであるとする共通の認識ができているんですね。

そのことを念頭に置きます。一八五五年に結ばれた日露通商条約で同様の国境が決められますが、二十年後の一八七五年、樺太・千島交換条約において樺太を日本が放棄し、代わりに全千島列島が日本のものになります。

この構図に変化をもたらしたのが終戦直前、ソ連の対日参戦です。日本がポツダム宣言を受諾した後もソ連の侵攻は続き、八月十八日に千島列島(クリル諸島)北端の占守島への攻撃を開始してソ連軍はどんどん南下してきます。

北方四島へは二十八日に占領を開始し、最後の色丹島が占領されたのは九月五日。降伏文書に日本がサインしたのは九月二日ですから、その後なんです。

ですから北方領土は日本にとって、ソ連による不法占拠が続いていることになるんですね。暴力的に奪った地域から日本を追い出すというカイロ宣言にもこれは該当しませんし、日本がポツダム宣言を受諾した後にソ連が占領しているわけですから。

ロシアが今も悔やむ歴史的失敗

ここで講和条約のさっきの条文を見てみましょう。北方領土に関する規定は（C）です。つまり、千島列島については日本が放棄すると、こう書かれています。でも、よく考えてみてください。まず、日本は千島列島を「放棄」するとありますが、じゃあ放棄した千島列島がどこの国のものなのか、書かれていませんよね。

それに、千島列島というのがどこまでの範囲を指しているのか、ということもあります。日本にしてみたら北方四島は放棄する千島列島から除外してほしいと条約案作成時に何度もアメリカなどへ要請していますが、連合国へ降伏したという立場上、盛り込めなかったんですね。

まず、この（C）項の定義のあいまいさが、北方領土問題の根っこにあるということです。

僕は以前、外務省の条約局長などを歴任され、北方領土返還交渉にも関わった東郷和彦さんと共著で『日本の領土問題—北方四島、竹島、尖閣列島』(角川ｏｎｅテーマ21シリーズ)という本を出したことがあります。その東郷さんのお話によると、戦後長らく続いている北方領土交渉で日本側もいくつもミスを犯してきたけれど、ソ連もまた外交的な失態を犯していたというんですね。

要するに、当時ソ連は講和会議にはグロムイコ外相が出席しましたが、結局講和条約には調印しませんでした。そのことがソ連、そしてロシアにとっては北方領土に対する重大な外交的失態だったということなんです。ロシアの外交官たちもそういう見方をするそうなんです。

それは、もしあのとき講和条約にサインしていれば、北方四島の帰属については完全にソ連のものになっていただろうという彼らなりの反省なのです。逆にいえば、もしソ連がサインしていたら、その後の返還交渉で日本は今以上に不利な状況となっていたということです。

つまり、日本の外務省が「ソ連は、サンフランシスコ平和条約には署名しておらず、同条約上の権利を主張することはできません」(同省ＨＰより)としているように、このソ連の失態によって日本は外交交渉の武器を得た格好になります。

吉田発言を利用したソ連の二島返還論

今度は日本側の落ち度というのを見てみましょう。それも、この講和条約にまつわることなんですね。

講和会議の九月七日、吉田首相が条約の受諾演説を行いました。秩父宮がラジオに耳をあてて聞こうとしたら停電になって怒ったあのときです。吉田の演説のなかに次のようなくだりがあります。

「千島列島及び南樺太の地域は日本が侵略によって奪取したものだとのソ連全権の主張に対しては抗議いたします。日本開国の当時、千島南部の二島、択捉、国後両島が日本領であることについては、帝政ロシアも何ら異議を挿まなかったのであります。ただ得撫以北の北千島諸島と樺太南部は、当時日露両国人の混住の地でありました。1875年5月7日日露両国政府は、平和的な外交交渉を通じて樺太南部は露領とし、その代償として北千島諸島は日本領とすることに話合をつけたのであります。名は代償でありますが、事実は樺太南部を譲渡して交渉の妥結を計ったのであります。その後樺太南部は1905年9月5日ルーズヴェルトアメリカ合衆国大統領の仲介によって結ばれたポーツマス平和条約で日本領となったのであります。千島列島及び樺太南部は、日本降伏直後の1945年9月20日一方的にソ連領に収容されたのであります。また、日本の本土たる北海道の一部を構成する色丹島及び歯舞諸島も終戦当時たまたま日本兵営が存在したためにソ連軍に占領されたままであります」

この演説の前半に「日本開国の当時、千島南部の二島、択捉、国後両島が日本領であることについては、帝政ロシアも何ら異議を挿まなかったのであります」とあり、さらに終わりのほうに出てくる「日本の本土たる北海道の一部を構成する色丹島及び歯舞諸島も」というところに注目してください。

つまり吉田の演説からは、択捉、国後の二島については千島列島に含まれ、歯舞、色丹の二島については北海道の一部だといっているように聞えますね。

その後始まったソ連との北方領土返還交渉でも、この吉田の演説が尾をひいてしまったんですね。五十五年の日ソ平和条約交渉で、ソ連が歯舞、色丹の二島返還を言い出して日本側を驚かせましたが、ここで「サンフランシスコで表れた『2島対2島』の構図が全面的に表面化した」(東郷和彦氏)のです。それで翌年出された日ソ共同宣言で、平和条約の締結後に歯舞、色丹の二島を返還するという合意がなされたんですね。

その後の長い交渉過程には触れませんが、東郷氏の言を借りれば、溝が埋まらない両者がもっとも近づいたのが二〇〇一年、イルクーツクでの森・プーチン会談なのだそうです。この会談で五十六年の日ソ共同宣言と九十三年の細川・エリツィンによる東京宣言(国後・択捉を交渉の対象とすることを認めた)の両方を確認するという、画期的な前進があったんですね。

こんなところにも吉田演説が地下水のように流れているのかなあと。条文のあいまいさ、ソ連の失態など、六十年も前の史実がその後の領土問題に様々な影響を与えていることがわかります。

なぜ竹島や北方領土が明記されなかったのか

条文のあいまいさという話は、竹島や尖閣列島の問題にもあてはまります。例えば竹島は第二条の(a)、朝鮮の放棄に該当するところですけど、島嶼については「済州島、巨文島及び欝陵島」と記されているだけで竹島の名前はありません。

講和条約での竹島の扱いについて、日本の主張を要約するとこういうことです。条約作成過程では何度も草案が練られますが、そのたびに竹島を日本領としたり韓国領としたりと何度も変遷しながら、最終的に条文から外されたんです。

そこへ韓国が、日本が放棄する島嶼に「独島」(竹島の韓国名)を加えてくれと要求します。それに対してアメリカのラスク国務長官補が「我々の情報によれば朝鮮の一部として取り扱われたことが決してなく、1905年頃から日本の島根県壱岐島支庁の管轄下にある。この島は、かつて朝鮮によって領有権の主張がなされたとは見られない」(外務省HPより)と拒否したんですね。

いわゆるラスク書簡とよばれるものですが、これらを根拠に竹島は講和条約作成過程において日本固有の領土と見なされていた、としているわけです。

韓国は韓国で、独島は鬱陵島に属する島だから、講和条約で日本が放棄した島嶼に含まれるという見方をしているようですが、これも結局、講和条約の条文に竹島が明記されていないがゆえに平行線が続いているともいえます。

尖閣諸島についても、講和条約では竹島と同様で明記されていません。ただこちらのほうは沖縄と一緒にアメリカが「南西諸島の一部」として施政権下におき、沖縄返還の際に日本へ施政権を返す地域として明記されていますからなおのことはっきりしています。

しかも、中国は当時尖閣の領有権を主張したことはなく、戦後二十三年もたって海底に石油の埋蔵がわかってから急に「尖閣はオレのものだ」と言い出したんですから。

これら三つの領土問題に共通しているのは何か。それは、いずれも講和条約に明記されていない島だということですね。

ではなぜそれらの島々が、講和条約で明記されなかったのでしょうか。まあ、竹島や尖閣が人が住んでもいないような小さな島だからわざわざ言及する必要がなかったともいえます。

それとはまったく別の見方ですが、アメリカの思惑であえてそれらが明記されなかったという説もあります。つまり、日本が近隣諸国と関係を深めることはアメリカにとっては脅威でもありますから、あえて小さな紛争の種を残した、とするものです。

講和条約のもとになったポツダム宣言でも、

八、「カイロ」宣言ノ条項ハ履行セラルヘク又日本国ノ主権ハ本州、北海道、九州及四国並ニ吾等ノ決定スル諸小島ニ局限セラルヘシ

とあるように、本土以外の島々については連合国が帰属を決めるということになっていました。でも決まらない島があったために、こうなっているわけです。そう考えると、やはり紛争の種を残そうとしたのかなあと邪推してみたくもなります。

「固有の領土」論争の落とし穴

ただ僕がここで一番言いたいことは、日本が領土問題について、「固有の領土だから領有権問題は存在しない」と説明するだけでいいのか、ということなんです。

それは日本の主張が受け身であるということです。領土問題で日本が「固有の領土です」としか言えないということは、アメリカに守ってもらってますということを言っているに過ぎないのです。そこには、自分たちの国の国益とは何なのかという主体性がまるで感じられません。

日本は今、その政治力、外交力を試されているんだと思います。中国はその意味でわが国と比べようがないほどしたたかです。

二〇一二年に尖閣国有化をめぐって中国各地で暴動やデモが起きました。このとき、最初にデモが起こったのは山東省にあるチンタオ（青島）という都市です。

なぜチンタオだったのか、という点がとても重要なんです。ここが日中にとってどういう場所なのか、歴史を知っている人であればご存知ですね。日本によって二度占領された、中国にとっても歴史的な意味でシンボリックな場所です。

僕は、そこで偶然にデモが始まったとは思いません。むしろ、歴史的な意味のある場所を選んで、そこでデモを意図的に誘発させたと考えるべきでしょう。これは歴史に対する異議申し立てです。あのデモに特徴的だったのは、インテリ層がほとんど動いていなかったことです。参加したのは主に若者、労働者ですね。しかも、デモの攻撃対象が政府へ向かうこともありませんでした。政治的なセレモニーのようなものです。

つまり、尖閣でお前たち日本が中国を刺激するとこうなるんだぞ、というメッセージを、中国がうまく演出して送ってきているんですね。だから中国のやり方は歴史をうまく使いながら立体的に攻めてくる、という手法なんです。

相手が歴史を持ち出して主張を展開するなら、こちらも歴史で反論するしかないんです。それがどうも日本人は苦手なんですね。最近の教科書には日本の領土について触れた先のポツダム宣言八項や講和条約の第二条が間引かれて載ってないんです。これでは反論しようにもできっこありません。

固有の領土という言い方には大きな落とし穴があるんです。もし「固有の領土」という論法で相手を押していった場合、最後は自分たちが根拠を失って負けてしまう恐れがあるからなんです。

というのは、「固有の領土」論争になると、どんどん歴史をさかのぼってどちらが先にこの島を領土と見なしていたかという話になっちゃうんです。中国などは、しまいには秦の時代に尖閣が明記されている地図を出してくるでしょう（笑）。いやいや、これは笑い話でもなんでもなくて、固有の領土という観点を突き詰めていくと必然的にそういうことになってしまうのです。

失われた「棚上げ」の合意

東郷和彦さんはある講演で面白い指摘をされています。「領土問題は存在しない」という日本の主張が中国に屈辱を与えている、それはかつて北方領土問題でソ連のグロムイコ外相が同じ言い回しで日本が受けた屈辱と同じで、それに反発して結局八年間も交渉がとだえてしまった歴史的不毛を繰り返すなということです。

日中間は当時の日ソ間より険悪になっているのだから、よけいに過度なプレッシャーを中国に与えることがもたらすリスクについて、警鐘を鳴らしているんですね。

確かに、法律論でいえば中国に分がないのは明らかです。ところが日本側も、固有の領土といいながら、尖閣諸島に日本人が上陸することを四十年も認めてこなかったわけです。そのことは実態として法律よりも日中間の暗黙の合意を守ろうという、日本政府の意思があったといわざるをえません。

暗黙の合意とは鄧小平国家主席が「次の世代に知恵を」といって尖閣問題を棚上げにし

たことを指します。日中間の合意はいつから崩れてしまったのでしょう？　二〇一〇年の中国漁船による海上保安庁巡視船への衝突事件などが印象に残っていますが、東郷さんによればその二年前の〇八年十二月がそのときであったと。

中国の公船が九時間も尖閣周辺の海域内に入り、その後の中国外務省の会見で領土として主張するためには実効支配が必要だということをいった。このことに東郷さんは椅子から落ちるほどの衝撃を受けたそうですが、棚上げから実効支配へという中国の方針転換が起こったんですね。

竹島の問題も似たようなところがあります。日韓基本条約を結ぶ際に竹島の帰属について相当両国間でやりあったんですが、堂々巡りになったんです。それであえて竹島については触れずに、日韓の国交正常化を優先させたんですね。これも一種の棚上げですけど、その内幕についてはロウ・ダニエルという人が書いた『竹島密約』という本に詳しく出ています。

つまり、二十世紀に両国間で培われた暗黙のルールのようなものが、世代交代を経て形骸化してしまったんですね。われわれもそのことを自覚したうえで新しい解決方法を考えなくてはいけません。

その点では尖閣が軍事的な衝突の現実味が増しつつありますから喫緊の課題です。少し前にアメリカのクリントン国務長官が、尖閣諸島は日米安保の対象になると会見で答えました。従来の解決方法としては、日米安保で中国を牽制し、これ以上やってきたらアメリカが黙っていないよ、というかたちで中国に自制を求める、ということになるでしょうね。
でもアメリカは、これまではっきりと日本の領土問題で日本を支持したことはないんです。北方領土しかり、竹島しかり、尖閣しかり。先のクリントン発言も、日本からそういってくれと頼まれて渋々いったものと察します。アメリカにとって、尖閣に首を突っ込んで中国と軍事的に対峙することは国益になるでしょうか。それよりも、ゴタゴタが起こって日本が無人偵察機でも買ってくれるほうがいいと考えるかもしれません。

東京裁判と講和条約第十一条

この二十七条の条文をあらためて読んでいくと、現在に至るまでくすぶりつづけている様々な問題の根っこがここにあるんだなあということを実感できると思います。
講和条約の十一条というのを読んでみてください。

『日本国との平和条約　第四章　第十一条』

日本国は、極東国際軍事裁判所並びに日本国内及び国外の他の連合国戦争犯罪法廷の裁判を受諾し、且つ、日本国で拘禁されている日本国民にこれらの法廷が課した刑を執行するものとする。これらの拘禁されている者を赦免し、減刑し、及び仮出獄させる権限は、各事件について刑を課した一又は二以上の政府の決定及び日本国の勧告に基く場合の外、行使することができない。極東国際軍事裁判所が刑を宣告した者については、この権限は、裁判所に代表者を出した政府の過半数の決定及び日本国の勧告に基く場合の外、行使することができない。

これはどういうことかというと、日本はあの東京裁判の結果を国家として受け入れるという意味なんですね。太平洋戦争の戦犯裁判は東京裁判以外にもBC級として世界各地で開かれましたが、それらも含めてということになります。

このことについて、日本のなかに一貫した不満があることは事実です。戦勝国による一方的な裁きであるとか、A級戦犯を裁く際に適用された「平和に対する罪」などが事後法で、近代法の精神に反するなど……。東京裁判でA級戦犯となった人々の靖国神社への合祀に賛成する層はこの東京裁判の結果に対して批判的ですから、今にもつながる問題なのです。

この、東京裁判を受け入れるということはどういう意味を持つのか、というところが重要なんですね。三年以上もかけて行われたこの裁判の中身をすべて正しいなどとは僕も思いませんが、こうした条文が盛り込まれた背景には、日本に対する一種の軽侮、つまりお前たち日本人は自分の力で戦争の後始末をつけられないだろう、それを勝利したわれわれ連合国がやったんだぞ、という意味合いが含まれているのではないでしょうか。

あまりに受け身で後ろ向きな日本の議論

この十一条の読み方にもなるんですが、東京裁判の結果がお前たちを拘束するんだ、ということが実はサンフランシスコ講和条約のなかの重要な柱のひとつでもあるということです。ですから、後になってこの裁判の有効性についてうんぬんとこちらが言っても、それはまったく別の問題だ、ということになるんです。

つまり、この東京裁判を不公平であると日本人が主張するなら、日本人自身の手で公正と考える裁判なりをやっておかなくてはいけなかったんですけど、それをしなかった以上は講和条約にあるごとく、あの裁判の結果は有効性を持たざるを得ない、ということです。

変な言い方かもしれないですが、この条文は日本が独立してからどう国際社会のなかで生きていくのかという基本姿勢をある意味で試しているんじゃないかと僕は思うのです。例えば、裁いた側の戦争責任だってあるんじゃないかというこちらからの問いかけから始まるような、戦争の処理の仕方というものもあってもいいはずです。

簡単にいえば、あの無謀な戦争をもう繰り返さないという反省、それを教訓としながら、裁いた側にとってもそれを教訓としなさいというポジティブな姿勢ですね。

裁いた側の国々が講和条約発効の一九五二年以降、その精神に則って行動したかといえば、そうではありませんよね。むしろ、もっとひどい侵略があちこちで繰り返されているじゃないかと。

日本人はただあの講和条約を受け身の姿勢で捉え、あれはおかしいんだと日本国内で後ろ向きに論じたところで何も始まりません。それよりもその教訓を国際的に広めようとするぐらいの姿勢を持ってこそ、初めて意味を持ってくるんじゃないかと思うわけです。

講和条約に埋め込まれた地雷

ここが面白いところなんですが、講和条約第三章第六条にこういう条項があります。

(a)連合国のすべての占領軍は、この条約の効力発生の後なるべくすみやかに、且つ、いかなる場合にもその後九十日以内に、日本国から撤退しなければならない。但し、この規定は、一又は二以上の連合国を一方とし、日本国を他方として双方の間に締結された若しくは締結される二国間若しくは多数国間の協定に基く、又はその結果としての外国軍隊の日本国の領域における駐とん又は駐留を妨げるものではない。

つまり、連合国による占領軍は講和条約発効の九〇日後にすべて日本から撤収しなさい、でも別に日本と協定を結んだ国の軍隊の駐とん、駐留は妨げませんよ、という内容ですね。講和会議に出席したその日の夕方、吉田が別の場所にあるアメリカ軍基地で調印したのが、日米安全保障条約、いわゆる安保条約でした。そして講和会議が開かれた翌年の昭和五十二年、安保条約に関する具体的な取り決めを明記した日米行政協定も調印されます。

東西冷戦を背景にアメリカ側に、日本に基地を持ち続けることが自身の国益にかなうという判断がまずあって、日本を独立させる見返りに合法的にアメリカ軍の日本への駐留を認めさせるべく、日米安保条約を結んだということですね。逆にいえば、日本は独立したけれど、事実上アメリカの属国という扱いになったわけです。当時の日本も、それが最良の選択だと考え、その体制が今なお続いているということになります。

近隣諸国と揉めて、埒が明かなくなったら最後は日米安保という伝家の宝刀を抜けば大丈夫だという意識が、日本人のなかには強くありました。でも、それだけで本当にいいのかという疑問も、日本人の意識の底流で振動を始めているような気がします。

私たち日本人はサンフランシスコ講和条約の枠組みを守り、戦後を第一次世界大戦と第二次世界大戦の間の戦間期にすることなく生きてきました。これはこれで、世界に誇るべきことだと思います。

でも、講和条約そのものが還暦を迎えて耐用年数がそろそろ限界にきたというべきか、講和条約のなかに地雷のように埋め込まれたものが、領土問題というかたちで今になって噴き出してきたことになります。

ということは、講和条約と同時に結ばれた、日本人が伝家の宝刀としてきた日米安全保障条約も還暦を迎えて足腰が揺らぎはじめているのではないでしょうか。そのことを、次に考えてみる必要がありそうです。

第10章

日本の「ありうべき姿」とは何か

——日米安保、米軍基地問題

二宮尊徳と吉田茂

講和条約が発効して日本が独立を果たしたときの日本人の考え方を示す面白い資料があります。それは読売新聞が講和条約発効の直後に行った全国世論調査です。

まず、「あなたは日本の代表的な人物は誰だと思いますか」という質問にどういう結果が出たか、その上位五名を紹介するとこうなります。

①吉田茂
②鳩山一郎
③尾崎行雄
④片山哲
⑤浅沼稲次郎

ちなみに吉田と答えた人は全回答数(一五五〇名)のおよそ三分の二と圧倒的多数だったんですね。鳩山さんは吉田のライバルでもある自由党総裁、尾崎は代議士で片山は元首相、浅沼は社会党右派の書記長だった人物です。

今度は「あなたが一番崇拝している人物は誰ですか」という質問です。「崇拝」という言葉も時代を感じさせるといいますか、今だったら誰を崇拝するかという質問もなかなかないんじゃないでしょうか（笑）。昔の人も含めてということですが、結果は次の通りです。

①二宮尊徳
②今上天皇
③明治天皇
④西郷隆盛
⑤吉田茂

それにしても第一位の二宮尊徳は凄いですね。昭和天皇よりも上にくるんですから。最近の若者だったら二宮尊徳って誰ですかということにもなるでしょうけど、薪を背負いながら本を読んでいる子どもの像です。つまり、家事をこなしながら勉学に励むという近代日本の理想的な人物像ということですね。僕らの世代だと、終戦直後の混乱期にまだ二宮尊徳の像が学校に普通にあった時代を知っています。そのうちに、像がどこかに撤去されてなくなったりするんですね。

そういえば、教育勅語や御真影をしまっておく奉安殿という施設もありましたね。僕が小学生のとき、重厚なコンクリート製のその奉安殿を大人たちが一生懸命壊している姿を憶えています。恐らくGHQに見つかったらまずいということだったんでしょうけれど。吉田茂はなんと五位、かなり崇拝されていたんですね(笑)。今どき崇拝される首相なんているかどうか。当時の国民の間での吉田人気というものがいかほどだったかよくわかるデータかもしれません。

吉田茂の「不安のタネ」

講和条約に調印して帰国した吉田首相一行を待っていたのはお祝いムード一色の日本でした。天皇も調印が無事行われたことを喜んで、吉田一行を皇居に招いてお茶会を開き、その労をねぎらっています。このころの吉田内閣の支持率は五十七%という高いもので、その記録は後の田中角栄さんが登場するまで抜かれることはなかったほどでした。

でも実は、吉田にはある不安が頭の中にありました。自分が帰国したら、石ころでも投げられるんじゃないか……。後の自身の回想録にもそう書いたほどの「不安のタネ」とは何だったか。それが、日米安全保障条約のことだったんですね。

講和条約を結んだ会議が終わった夕方、吉田はアメリカ第六軍司令部があるサンフランシスコのプレシディオというところへ向かって、そこで日米安保条約にサインしています。

そのとき、吉田は同行していた蔵相の池田勇人らにこう言ったそうです。

「将来、この条約が問題になったときに備えて、君は調印しておかないほうがいい。これは私の一存で決めたことにしておきたい」

要するに、吉田がすべての責任を自分で背負うという意味ですね。アメリカ側はダレスとアチソン、上院議員二名の計四名が調印しているのに、日本側は吉田茂だけ。調印のしかたもいびつですが、吉田がそこまでして結んだこの日米安保条約とはどういうものだったのでしょうか。


日本国とアメリカ合衆国との間の安全保障条約

第一条
平和条約及びこの条約の効力発生と同時に、アメリカ合衆国の陸軍、空軍及び海軍を日本国内及びその附近に配備する権利を、日本国は、許与し、アメリカ合衆国は、これを受諾する。この軍隊は、極東における国際の平和と安全の維持に寄与し、並びに、一又は二以上の外部の国による教唆又は干渉によつて引き起された日本国における大規模の内乱及び騒じようを鎮圧するため日本国政府の明示の要請に応じて与えられる援助を含めて、外部からの武力攻撃に対する日本国の安全に寄与するために使用することができる。

第二条

第一条に掲げる権利が行使される間は、日本国は、アメリカ合衆国の事前の同意なくして、基地、基地における若しくは基地に関する権利、権力若しくは権能、駐兵若しくは演習の権利又は陸軍、空軍若しくは海軍の通過の権利を第三国に許与しない。

第三条

アメリカ合衆国の軍隊の日本国内及びその附近における配備を規律する条件は、両政府間の行政協定で決定する。

第四条

この条約は、国際連合又はその他による日本区域における国際の平和と安全の維持のため充分な定をする国際連合の措置又はこれに代る個別的若しくは集団的の安全保障措置が効力を生じたと日本国及びアメリカ合衆国の政府が認めたときはいつでも効力を失うものとする。
第五条
この条約は、日本国及びアメリカ合衆国によつて批准されなければならない。この条約は、批准書が両国によつてワシントンで交換されたときに効力を生ずる。

日本の防衛が明記されない旧安保条約

驚くことに、なんとたったの五ヵ条というとてもシンプルなものです。

実質的には第一条から第四条までです。要するにその内容は、①アメリカは日本に陸海空軍を配備できる　②駐留米軍は外国からの日本への攻撃と、外国の干渉による日本の内乱に軍事力を行使できる　③アメリカ以外の国の日本への駐留は認めない　④在日米軍配備の規律は行政協定による　⑤国際連合のような別のかたちでの集団的安全保障の枠組みができたらこの条約は効力を失う、というものでした。

重要なのは第一条で、どう読んでも日本を守るとは書いてませんね。内容も極めて片務的、一方的で、日本が懇願すれば動いてくれるかもしれないアメリカ軍に日本の防衛を託し、それ以外の方策は認めないという、誰が読んでも日本が軍事的にアメリカの従属国になったとしか受けとりようがない条約だったわけです。

アメリカに基地を提供し、その基地は日本の法律が及ばない治外法権のような場所です。それが当時国内に何百とあって、そのままそっくり残るという、これが独立国かというような屈辱的な条約だったんですね。吉田が石でも投げられるのでは、というのはこのことだったんです。

サンフランシスコ講和会議は国内でも、また世界へもとても華々しく伝えられました。当時の報道でも、講和条約の調印は大々的に扱われ、この日の日本人はラジオに耳を傾けながら、どこの家でも日の丸を掲揚しました。やっと日本が六年八ヵ月の長い占領を終えて再び独立できた、という自尊心を回復した一大イベントでしたから。

その一方で、まるで人目を忍ぶかのようにひっそりと行われたのが日米安全保障条約の調印だったんですね。当時の新聞も、一面トップで講和会議の模様が伝えられ、日米安保条約についてはどちらかというとおまけのような扱いでした。それはあたかも太陽と月見草、陽と陰といった趣があります。

治外法権化した米軍基地

この第三条にあるように、日米安全保障の大枠を述べているのがこの条文で、実際の在日米軍の法的地位に関する細かなとりきめは「両政府間の行政協定」で決まると書かれています。

それが、およそ五ヵ月後に日米間で調印された日米行政協定なんです。ちなみに、この協定は岸内閣が日米安保条約を改定した際に日米地位協定としてあらためられ、現在にいたっています。

日米行政協定とはどのような内容のものだったのか、ご存知ない方もいらっしゃるでしょうから少々お話ししてみたいと思います。

他国の軍隊が日本に駐とんするわけですから、そこにはいろんな問題が出てきます。例えば在日米軍の軍人は日本の税金制度に従うべきなのかとか、米軍人が日本の公道を車で運転するのに日本の免許はいらないのかとか、そんなことも決めておかないといけませんね。つまり、どこまでの範囲に彼らに対して日本の主権が及ぶのかということを全部で二十九ヵ条にしてまとめてあるんです。

日本はアメリカが必要とする施設、区域を無償で提供する。また在日米軍は必要な物資や役務を日本で調達することができ、日本はそのために便宜をはからなくてはならない。在日米軍がその使用のために輸入する物品には日本の税金はかけられない。米軍施設の土地・建物の賃貸料は日本政府が負担し、米軍の輸送費、サービス、光熱費など年間一億五千五百万ドルを日本政府が負担する等々……。いろんなとりきめが並んでいます。

こうしてみると、在日米軍の基地施設というのは実質的に日本の主権が及ばない、治外法権のようなものであることがわかります。

一番象徴的なのが、裁判権に関するくだりなので、そこを見てみたいと思います。当然、軍隊が日本に駐とんする場合、軍人だけでなくてその家族もいれば、軍人以外で軍に務める文官や技官といった軍属の人たちもいます。例えば彼らが日本で犯罪を犯した場合にどう対処すべきか、日米行政協定では次のように定めていました。

「合衆国の軍事裁判所及び当局は、合衆国軍隊の構成員及び軍属並びにそれらの家族（日本の国籍のみを有するそれらの家族を除く。）が日本国内で犯すすべての罪について、専属的裁判権を日本国内で行使する権利を有する。」（第十七条二項）

要するに、米軍基地の内であろうと外であろうと、米軍人らが犯罪を犯しても日本の裁判にはかけられませんよ、ということなんです。日本の警察は基地の外で米軍人の犯罪があったときに逮捕はできるんですが、身柄は米軍に渡しておしまい。後はアメリカの法律に基づいて裁きますから、と。

裁判権に関する密約

裁判権に関する部分は行政協定の条文を日米間ですり合わせる際にもかなり激しい議論になったんです。

このころに、NATO（北大西洋条約機構）の地位協定が結ばれます。これは日本と同様、連合国に敗北したドイツやイタリアにおける米軍基地に関する規定ですね。そこでは、例えば基地の外に米軍人が公務として出ているときに犯罪を犯した場合は裁判権は米軍に、公務外だった場合はその主権国に裁判権があると規定していました。日本側は、それを参考に何とかせめてNATO地位協定並みにしてほしいという交渉を続けた結果、翌年に米軍人が公務外で起こした犯罪について日本に裁判権があることを認めさせ、日米行政協定の改定が行われます。

ところがこのときに、日米間で「著しく重要な事件以外は日本が裁判権を放棄する」という密約があったことを裏付ける資料が最近になって明るみにでました。日本の研究者がアメリカの機密解除された公文書のなかから見つけたんです。

要するに、表向きはあまりに従属的だった裁判権の問題をNATO並みにしましたよと政府は言っていたんだけれど、実際は裏でアメリカに、よっぽどの大事件じゃない限り今まで通りでいいですよ、という約束をしていたということですね。

実際、日米行政協定の十七条が改定された一九五三年以降五年間に、米軍人らによる犯罪で日本の裁判で裁かれたケースというのはほとんどなくて、つまり九割以上を日本が裁判権を放棄したことになっているのです。そういったことをつぶさに考えると、日米行政協定のもとでいかに日本の国家としての主権が骨抜きにされていたかがわかります。

この行政協定が六〇年の安保改定とともに日米地位協定として生まれ変わっても、本質的にはほとんど変わっていないというのが実情でしょう。

例を挙げれば一九九五年に、沖縄で三名の米兵に女子小学生が集団強姦されるという事件がありました。事件が発覚して沖縄県警が逮捕状をとったとき、米兵たちは米軍基地にいました。そこで立ちはだかったのは日米地位協定十七条の五項です。

「日本国が裁判権を行使すべき合衆国軍隊の構成員又は軍属たる被疑者の拘禁は、その者の身柄が合衆国の手中にあるときは、日本国により公訴が提起されるまでの間、合衆国が引き続き行なうものとする」

裁判権は日本にあっても、容疑者が基地のなかにいたら、検察が起訴するまで身柄は日本側に渡さないというとりきめです。つまり、日本の警察は逮捕することもできなければ、身柄をとって取調べすることすらできないんですね。

似たようなケースは恐らく沢山あったろうと思います。米兵による性的犯罪の被害を受けたり、盗みや暴行にあっても、基地のなかに逃げ込んでしまえば後は政治的判断にゆだねられてしまう……。特に日本の在日米軍基地の七割が集中している沖縄県の方々はその実態を肌身で知っていますから、類似の事件が起こるたびに怒りの声が上がるのも無理はないんです。

『戦後史の正体』が提起したこと

最近、このあたりのことについて外務省情報局長をされていた孫崎享さんという方が書かれた『戦後史の正体』（創元社）という本がベストセラーになりましたね。もう読んだという方も多いと思いますが、読まれていない方のために少々解説しておく必要があるでしょう。

この本では、戦後の日本政治がどう展開してきたのか、二つの軸を立てています。それは対米追従路線と自主独立路線の二つで、結果的には自主独立路線は常に追い落とされる格好で対米追従路線が現在にいたるまで続いてきているという見方なんです。とてもわかりやすい対立軸を提示したことが、多くの人に読まれることになった理由なのでしょう。

孫崎さんにいわせれば、日本がひたすら対米追従を優先し、一方の自主独立路線が常に政治的に敗れてきたことの最たる責任は吉田茂にあるのだと。外務省出身者が吉田茂をこう悪しざまに書くというのは珍しいことですが、この本ではかなり明確にそう論じておられます。

僕もこの本を読んで、面白かったといったら失礼ですけど、盲点を突かれたところがあります。

外務省のなかにも戦後、対米追従派と自主独立派が存在していて、自主独立派は常に対米追従派によって潰されてきたということをこの本は指摘しているのですが、吉田茂がいたころの自主独立派に寺崎太郎という外交官がいたんですね。寺崎というのは太平洋戦争開戦時の外務省アメリカ局長だった人物で、戦後は第一次吉田内閣のときに外務次官となります。ただそのときに吉田と対立して、自分から次官を辞めています。

この寺崎太郎が回顧録として書き残したものが、後に『寺崎太郎外交自伝』(私家版、非売品)として出版されていて、『戦後史の正体』でもその中身に触れています。

例えば一般的な理解では、まず講和条約によってこの国を国際社会に復帰させ、独立を果たすことが先決だと。とはいえそうなったときに自前で防衛力を持つ余裕もないし、とりあえずはアメリカに守ってもらいながら経済力をつけるしかないという発想のもと、日米安全保障条約の構想がセットになって出てきますね。そして安保条約を実際に運用するための日米行政協定が結ばれた、という流れです。実際、時系列的にもそういう順番になっています。

昭和二十六年（一九五一）　九月八日　サンフランシスコ講和条約調印
　　　　　　　　　　　　　同日　日米安全保障条約調印
昭和二十七年（一九五二）　二月二十八日　日米行政協定調印

講和条約調印がトップ扱いで、同じ日に調印された日米安全保障条約というのはどちらかというとおまけのような扱いだったことは先に触れましたが、さらに日米行政協定となると、これは国会の承認もない政府間の協定ですから、なおさらです。日本人の感覚としては、講和条約が大としたら、安保条約は中、行政協定は小ぐらいの受け止め方だったと推察できます。

「核密約」はなぜ結ばれたか

ところが、寺崎太郎はまったく違う認識を持っていたんですね。実は、アメリカにとって一番の本丸、寺崎の言葉を借りれば「本能寺」は、日米行政協定だったというんです。『戦後史の正体』でも引用されていますが、彼は自著でこう指摘しています。

「周知のように、日本が置かれているサンフランシスコ体制は、時間的には平和条約─安保条約─行政協定の順序でできた。だが、それがもつ真の意義は、まさにその逆で、行政協定のための安保条約、安保条約のための平和条約でしかなかったことは、今日までに明らかになっている」

日米行政協定は調印から八年で日米地位協定というものに変わりました。が、本質的な部分はほとんど変わっていません。今でも例えば米兵が基地の外で交通事故を起こしても、基地に逃げ込んでしまえば日本の警察権、司法権が及びませんから日本の法律で罰することはできません。首都である東京都の多摩に米軍の横田基地がありますけど、この上空周辺は横田空域と呼ばれ、米軍の管制下にあって民間機は自由に飛行できません。

つまり寺崎が言いたかったのは、昔の上海などにあった租界のようなかたちで、日本国内に治外法権の空間を占有し続けることがアメリカの最大の目的だったということなんですね。それがあれば、日本がいくら非核三原則だといっても、例えば核兵器をアメリカが日本の米軍基地に持ち込むことは自由なんです。

二〇〇九年に共同通信が外務次官OBらの証言を基に、日本政府が有事の際に核兵器の再持ち込みを認める密約をアメリカ政府と交わしていたとするスクープを発表しました。当時の自民党政権はその存在を否定しましたが、その後民主党政権が誕生し、鳩山由紀夫内閣の岡田克也外相が外務省に調査を命じます。

その調査のために有識者会議が開かれ、四つの密約について報告書を出しました。もちろん外務省が保管している非公開の資料も含めての調査で、例えば一九六〇年一月の安保条約改定時の核持ち込みに関する「密約」、同安保条約改定時の朝鮮半島有事の際の戦闘作戦行動に関する密約、一九七二年沖縄返還時の原状回復補償費の肩代わりに関する密約は、それぞれ広義、狭義の密約に該当すると認定されています。

岸内閣での安保改定で、それまで一方的な内容であった条文を双務的なものにしました。有事の際の核の持ち込みについても、旧安保条約では日本に通告さえすれば持ち込めたんですが、安保改定でそれを行おうとする前に事前協議をしなくてはいけないことになりました。

でもアメリカとしては戦略上、旧安保と日米行政協定の下で認められていた権利をその後も行使したかったわけです。それでいろんな「密約」が生まれ、歴代内閣に継承されていったんですね。この核持ち込みに関する密約問題ひとつとっても、いかに日米行政協定で保証された軍事的な権限、権利というものが、アメリカにとって重要なものだったのかわかります。

恐らく寺崎太郎などは、こうなることがわかっていたんでしょうね。耳障りの良い話をしながら玄関で迎え入れてくれたのに、実際にそのなかに入っていざ出ようとしたらいつのまにか鍵がかかっていて出られないような……。

もし日本が自主独立を目指してアメリカの基地をなくすと考えた場合、従来の発想ではそのためにまず講和条約を破棄し、そしてその付属物である日米安保を破棄すれば、自動的に日米地位協定もいらなくなると考えるわけです。ただ、そういう発想では決して基地をなくすことはできないでしょう。

でも寺崎の考え方を敷衍すれば、講和会議、そして日米安保、行政協定への流れの間に実はいくつも日本がとるべき選択肢はあったはずだ、ということも教えてくれます。

つまり、日米安保はそれでいいけれど、そのあとの日米行政協定にこそ、日本の政治家や官僚が真の国益を賭けてアメリカと真剣に交渉しなければいけなかったというべきかもしれません。

日米安保を「恥」と感じた吉田の心境

ここで、サンフランシスコで日米安全保障条約に一人で署名したときの吉田の心境というものを想像してみたいと思います。今まで吉田に関する多くの評伝、研究書を読んでも、ほとんど明らかになっていない部分です。吉田自身、なかなか他人に本音を打ち明ける性格ではなかったということもありますが。

吉田の胸にそのとき去来したであろうこと、それはかつて日本が満州国と結んだ、とある議定書のことではなかっただろうか。まあ、僕の個人的な推論として聞いて下さい。

昭和六年の満州事変で関東軍が中国東北部や内モンゴルに侵攻し、翌年に日本の傀儡国家として誕生したのが満州国でしたね。ただ対外的には自発的に生まれた国家という体裁だったので、日本が満州国を国家として承認する際に、日本と満州国の間で「日満議定書」という協定が交わされます。とてもシンプルなものなので全文を紹介いたします。

日満議定書

日本国ハ満洲国カ其ノ住民ノ意思ニ基キテ自由ニ成立シ独立ノ一国家ヲ成スニ至リタル事実ヲ確認シタルニ因リ

満洲国ハ中華民国ノ有スル国際約定ハ満洲国ニ適用シ得ヘキ限リ之ヲ尊重スヘキコトヲ宣言セルニ因リ

日本国政府及満洲国政府ハ日満両国間ノ善隣ノ関係ヲ永遠ニ鞏固ニシ互ニ其ノ領土権ヲ尊重シ東洋ノ平和ヲ確保センカ為左ノ如ク協定セリ

一、満洲国ハ将来日満両国間ニ別段ノ約定ヲ締結セサル限リ満洲国領域内ニ於テ日本国又ハ日本国臣民カ従来ノ日支間ノ条約、協定其ノ他ノ取極及公私ノ契約ニ依リ有スル一切ノ権利利益ヲ確認尊重スヘシ

二、日本国及満洲国ハ締約国ノ一方ノ領土及治安ニ対スル一切ノ脅威ハ同時ニ締約国ノ他方ノ安寧及存立ニ対スル脅威タルノ事実ヲ確認シ両国共同シテ国家ノ防衛ニ当ルヘキコトヲ約ス之カ為所要ノ日本国軍ハ満洲国内ニ駐屯スルモノトス

ご覧の通り、この議定書はたった二条しか条文がありません。でも中身は満州国成立前

にこの地で日本が持っていたすべての権益が保たれ、満州国防衛のために日本軍が駐とんできる、つまりは日本が自由に満州国に軍を配備できることを保証するものなのです。

これだけではもちろん、あまりにもおおざっぱですから、この議定書に基づいてさまざまな細目が日満間で定められます。

例えばこの議定書に付随する秘密文書、『大同元年三月十日満州国執政ヨリ本庄関東軍司令官宛書翰』というものがあります。満州国の執政・溥儀から本庄繁関東軍司令官に向けてのものですが、ここには「満州国は日本に国防、治安維持を委託し、その所要経費はすべて満州国が負担する」とあり、他にも日本軍が満州国の防衛に必要とする鉄道や港湾、航空路などの敷設はすべて日本に委託するとか、日本軍が必要とする様々な施設には満州国が極力援助するだとか……。

日満議定書のおおざっぱさはまるで日米安全保障条約のそれと同じで、こうした秘密文書の細目は、日米行政協定のそれとよく似ているのです。

僕はこの議定書を昔読んだとき、吉田が日米安保条約に抱いた屈辱感がわかった気がしたんです。これのことかと。つまり、日本がその傀儡国家である満州国に対し軍事的に従属させるべく結んだこの日満議定書というものを、吉田は同時代の外務官僚でしたから肌身を通してよく知っていたんですね。それが今度はアメリカと日本の間で、しかも立場が逆転したかたちで結ばざるをえなくなった悲哀、とでもいいましょうか。

おそらく岸信介にしても、吉田と同じ屈辱感を強く抱いていたことでしょう。岸は戦前、商工省から満州国の官僚に出向して国家経営に参画し、満州国運営の五傑、「二キ三スケ」と称されたほどですから。ちなみにこの「二キ」とは東條英機と満州国総務長官だった星野直樹、三スケとは岸と日産コンツェルンの鮎川義介、後の外務大臣・松岡洋祐のことです。吉田も岸も、世界の五大国の一角を占めた大日本帝国の栄光のなかで生きてきた官僚ですから、彼らにとっての日米安保条約は、それは「恥ずかしい」の一言に尽きたでしょう。

吉田がなぜ日米安全保障条約の調印に一人で臨んだのか、そして岸はなぜ空前のデモ隊に包囲されながら安保改定を押し切ったのか。二人の覚悟の裏にあった心象風景を察すると、そういう歴史的背景が浮かんできます。

「アメリカへの従属」を覆い隠したもの

ここでもっと違う視点で日米安保というものを見てみたいと思います。吉田茂といえば、保守本流というイメージが定着していますね。つまり、日米安保条約を基軸とし、経済優先、軽武装という吉田茂から今につながる日本のあり方を堅持する流れです。

でも、よく考えてみるとこの保守本流というイメージが、日本のアメリカへの従属という本質的な部分を覆い隠してきたのではないでしょうか。

若手の政治経済学者で村井哲也さんという人が『戦後政治体制の起源』（二〇〇八年、藤原書店）という本のなかで面白い指摘をされています。

自民党による五十五年体制下で特徴的なこととして、「政府・与党二元体制」というものがありました。本来の議院内閣制では国民から議会、そして政府、それから官僚へという負託の流れ（政府一元体制）になるはずが、五十五年体制では国民から議会そして政府までは同じなんですが、そこから与党（自民党）を挟んで官僚へという非制度的な仕組みができてしまったというのです。つまり、政府が提出する法案などが一旦与党である自民党の政調会で事前審査を経る仕組みになっていたんです。そこから各省庁の官僚と族議員の癒着による利益誘導という側面が出てきて、しばしば批判の対象ともなりました。

もうひとつの日本政治の特徴は「官僚内閣制」とよばれるものです。これも本来なら国民の負託を受けた政府が主導権を持って意思決定を行い、各省庁に実行させるべきものであるはずなのに、日本では官僚の発言力が強く、実質的な意思決定権が官僚側にあったんですね。

こうした日本独特の政治風土がどうやってできてしまったのか、その起源をひも解いた本なんですが、その根っこにやはり吉田茂が出てくるんです。

つまり、吉田は官僚出身者で、同じ官僚出身者を引き抜きながらどんどん勢力を固めていきます。そうして「吉田学校」から池田勇人（元大蔵省）、佐藤栄作（元運輸省）が次々に首相の座につきました。その過程で「官僚機構と党内の官僚派を掌握して人的ネットワークを駆使し」（同書）ていくなかで、官僚内閣制やら政府・与党二元体制が定着していったと見るんですね。

僕も、なるほどなあと思います。

極端な見方かもしれませんけど、吉田茂が敷いた対米追従、経済優先という路線は未だに日本という国を縛っているのかもしれません。それが一種の「国のかたち」になってしまって、官僚社会主義のようなものがそれを補完しているとでもいいましょうか。

これは僕の以前からの持論でもありますが、吉田茂が講和条約や日米安保条約に調印する前に、きちんとした国民投票のようなものをやるべきだったんじゃないかと思うんです。これまでの占領政策を是とするか非とするか、つまり占領政策の延長として対米追従を受け入れるのか、そうでない方向へ進むのかという選択です。例えばそれを問う解散総選挙でも良かったんですが、そういう通過儀礼がなかったのは残念なことです。

ソ連が講和条約に調印しなかったことで北方領土問題が今も続いているのと同じで、そういう国民投票を行わなかったから、対米追従か自主独立かということがこうして噴き出しているわけですね。

吉田がもし日本の進路を問う総選挙をやっていたら、恐らく吉田が勝ったと思います。でも彼があえてそれをしなかったのはなぜだろうか……。恐らく当時の日本社会で激しい対立がおこったでしょうから、それに対応するのが面倒くさかった（笑）んじゃないかと、考えたりもするのです。

「国体」になった日米安保

日米安保条約は二〇一〇年に五十周年を迎えました。改定前の旧条約も含めたら、講和条約と同じく還暦です。

そもそも論になりますけど、東西冷戦を前提に結ばれた条約が、すでに東西冷戦が終結したにもかかわらず現在に至るまで自動延長されているというのはどういう意味を持つのでしょうか。

本来なら冷戦が終わった一九九〇年ごろに見直しの声があがっても良さそうなものなのに、なぜそうならなかったのか。当時の日本人は、バブル経済に浮かれていて、そういうことを真剣に考えなかったのでしょうか。

いや、そうではないと僕は思います。世界情勢が変化してもなお日米安保条約が存続し続けている理由は、アメリカへの従属が日本人にとって当たり前のようなもの、一種の習い性になってしまったということなんじゃないでしょうか。
ちなみに吉田茂は講和会議の受諾演説で、日米安保条約についてこう説明しています。

「近時不幸にして共産主義の圧迫と専制を伴う陰険な勢力が極東において不安と混乱を広め、かつ、各所に公然たる侵略に打って出つつあります。日本の間近にも迫っております。しかしわれわれ日本国民は、何らの武装ももっておりません。この集団的侵攻に対しては、日本国民としては、他の自由国家の集団的保護を求めるほかはないのであります。これわれわれが合衆国との間に安全保障条約を締結せんとする理由であります。固よりわが国の独立は自力をもって保護する覚悟でありますが、敗余の日本としては、自力をもってわが独立を守りうる国力の回復するまで、あるいは日本区域における国際の平和と安全とが、国際連合の措置もしくはその他の集団安全保障制度によって確保される日が来るまで、アメリカ軍の駐在を求めざるを得ないのであります」

つまり吉田も、日米安保は日本の国力が回復し、集団安全保障制度に参加できるようになるまでの時限的なものだと考えていたんですね。

こんな例えはあまり使いたくないのですが、それが戦後日本の「国体」になってしまったのでしょうね。戦前の国体が万世一系の天皇による統治体制で、その下に臣民が一丸となってあの戦争に進んでいったとすれば、戦後はアメリカの庇護の下でひたすら経済戦争に邁進してきたともいえます。冷戦が終わったのだから、もうアメリカだけに頼ることはやめようという発想が出てこなかったとしたら、そうとしか考えられませんね。

孫崎さんの『戦後史の正体』がどうしてベストセラーになったのか、そのことが一つの答えになるのかもしれません。つまり、九〇年代はアメリカに従属しながら経済で実をとるという幻想に疑いを抱く必要がなかったのでしょう。でもそれから二十年も経ったころに、領土問題が立て続けに起こって日本人が不安を抱くようになった。アメリカが守ってくれるはずなのに、どうしてこんなことになるんだろうと。アメリカが日本を守るという日米安保は、「神話」だったのではないか……。

実際、アメリカが日本の領土問題について明確に見解をのべたことはありません。北方領土問題にしろ、竹島や尖閣問題にしろ、それは一貫しています。

少々うがった見方かもしれませんが、それが領土の帰属決定について中心的な立場にあったアメリカの意図だったのではないかと。

つまり、領土をめぐる日本と近隣諸国のゴタゴタが解決してしまったら、距離が縮まります。日ソ、日韓、日中間の距離が縮まって友好関係が深まっていくことは、アメリカにとっていいことなのかということです。むしろ、それらがあって日本と近隣諸国が不仲を続け、アメリカにとって管理しうる範囲での紛争があった方が、アメリカの国益に合致する……。そういう思惑からあえて帰属をはっきりさせることなく、紛争の種を残しておいたという見方もあるほどですから。

高まる自主独立論と改憲

講和条約と日米安保という吉田茂から始まった戦後日本の「国体」が、還暦を迎えて足腰がグラグラしはじめています。それで、もうアメリカから離れてもいいじゃないかという「自主独立派」的な考えが急浮上しつつあるのが、今の日本なのではないでしょうか。

僕は、この自主独立路線というのが今後、二つの流れに収斂するのではないかと思っています。例えば日米安保条約を解消して米軍基地もすべてなくすとなると、それ相応の軍事力を日本が持たなければならないという考え方が出てきます。例えばナショナリズムに重きをおく、右派的な流れですね。

一方で、軍事力は今の自衛隊のような必要最小限の規模のまま、アメリカへの従属を解消するという方向性があります。

これは世代的な問題なのかもしれませんが、僕の個人的な理想は後者で、僕と年が近い孫崎さんの考え方も、どちらかというとそれに近いんですね。ただ、これが本当に実現できるかどうかという話になると、正直なところ難しいというしかありません。

それは私たちの社会に、政治や軍事だけでなくあらゆる部分でアメリカが浸透していて、それを断ち切るというのが難しいということと、アメリカと手を切ったときにどういう仕打ちを受けるか……、経済的にも相当なことを覚悟すべきでしょう。

僕らは、日本という国がアメリカから離れて自立するなどという具体的なイメージを、恐らく想像すらできずに死んでいく世代だと思います。でも、僕らの孫や曾孫の世代になったとき、彼らは歴史として日本の戦後を振り返り、アメリカへの従属を選択したことで日本が得たもの、そして失ったものを客観的に検証することでしょう。

アメリカに従属しながら経済的な繁栄は得たけれど、自存するという精神を失った……。そんなふうに後世、受け止められるのかもしれません。

今アンケートをとると、改憲賛成が七割、護憲が三割という割合なのだそうです。おそらく今後も改憲論は国民の間で高まっていくでしょうけれど、これまでの護憲派も、憲法九条を一語一句変えるなという原理主義的な発想だけではなくて、改憲を前提にしながらそこにどうやって護憲の精神を残すかということを、真剣に考えなくてはいけない時期にきています。

自主独立にしろ対米追従にしろ、どちらにいくにも改憲が前提になりつつあります。つまりこの対立軸には、これまでの左派が唱えてきた護憲というものがつながっていないのです。サンフランシスコ講和条約に始まり、戦後ずっと続いてきた護憲の歴史が、もうじき終わろうとしているんだなあという感慨を持つのです。

ただ、護憲派もこの状況を手をこまねいて傍観していないで、対米追従の護憲論とは何か、自主独立の護憲論とは何なのかということを、もっとつきつめて考える必要があるんじゃないでしょうか。

「ありうべき姿」を忘れてきた戦後

僕は吉田を歴史に位置づけて語る上で、そこにある二重構造をきちんと踏まえる必要があると思っています。

まず、講和条約発効を機に、日本人は自らの国の将来像、具体的なビジョンというものを本当につくり出したのかということです。吉田は、対米追従だと批判されることを承知で徹底的に現実路線を選択したわけですね。それがアメリカへの軍事的依存、アメリカとの一体化でした。

このあたりをよく吟味してみると、やはり日本人は戦後、日本の「ありうべき姿」をきちんと考えてこなかったのです。だから、ただ吉田を賞賛しておしまい。吉田がつくった「現実の姿」の枠組みのなかだけで、選択肢を選んできたのがこれまでの戦後史だったと思います。

あえていうなら、例えばあの戦争は間違っていたけれど大日本帝国憲法は間違ってない、だからそれをもう一度日本の憲法にすればいいという主張だって、あってもいいと思うんですよ。まあ僕は反対ですけど（笑）、それは一つの「ありうべき姿」なんです。

ただそれをいうのなら、戦争がいいとか悪いとかいう次元ではなく、かつての政治指導者たち、そして一般国民も含めてあの戦争を決定していったプロセスをもっと徹底的に検証してからにしてほしいのです。当時の政治指導者たちがその時々に最良の選択だと考えて決断していったプロセスの結果がどうしてあのような対米英戦争に至ったのか。その結果、あの戦争が起こったのは大日本帝国憲法が悪かったせいでも、教育勅語のせいでもないということが立証されたのなら、どんどん復活させたらいいんじゃないですか（笑）。

でも「ありうべき姿」をとりあえずどこかに置いたまま、安保条約みたいに吉田の現実路線を自動延長し続けてきてしまった。そのツケが領土問題や、沖縄の基地問題として顕在化してきているんですね。

僕は、これからでも遅くはないから日本の「ありうべき姿」というものを考えるべきだと思うのです。

「ありうべき姿」は、目に見えるものを継承しただけでは生まれません。新しいビジョンをつくるためには、目に見えないことを継承してそれを土台にしていく力、歴史的意思を私たちがしっかりと持つことが何よりも必要なのです。

あとがき

本書は二つの局面から成りたっている。

一つは、太平洋戦争そのものを個々の戦闘の集大成と見ることで、軍事とは本質的にどのような意味を持つのかの検証である。もう一つは、日本が連合国（とくにアメリカが中心）の占領を受け、そして昭和二十六年九月に調印された講和条約の発効により国際社会に復帰したわけだが、その折りの日本の政治・外交の局面を俯瞰している。これが本書の第二部である。

この二つの局面を見ることによって、私たちは何が理解できるのか。戦後社会にあって、太平洋戦争を語り、占領期を語るその姿勢のなかに何かが欠けているとの自覚だと、私には思える。太平洋戦争と一言でいっても、それは朝から夜まで日本軍とアメリカ軍が軍事的に戦っていたわけではない。ある地域を軍事上重要な戦略空間として、相互の国家意思が軍事上の戦いを行うこと、その結果により次の戦略空間でさらに相互の国家意思が衝突する、そういう個々の戦闘の総称が太平洋戦争そのものである。誤解を恐れずにいえば、個々のプロジェクトにはその当時の国家社会の原像がそのまま反映していることになる。

その原像を私は確かめたかった。

占領期にしても、確かに国家主権を失っているにせよ、日本の指導者たちはそれぞれ自らの哲学と占領軍の政策との妥協点を見つけて、相応の力を発揮しつづけた。いや、歴史的使命を自覚していた。そのことへの賛否は別にして、その使命感を理解することは大切だったのである。

私たちは「昭和」をしだいに歴史のなかへと押しこんでいく。すでに「戦後六十八年」も経ているのだから、当然といえば当然である。昭和を歴史の枠組みのなかで見ることは、あの戦争体験をもつ世代が全人口の三割程度というのだからやむを得ない。だが忘れてならないのは、このプロジェクトの失敗には、国民の生命と財産が犠牲になっているとの事実である。この事実をどう見るか、これからの日本に常に突きつけられる、重い課題である。

私は私なりにこの課題と向きあってきた。本書の意図もまたそこにある。この二つの局面については、東京・新宿にある朝日カルチャーセンターの講座を土台にしつつも、今回の単行本化にあたってはまったく新しい形に変えている。とくに若い世代に読んでもらいたいというのが、私の願いでもある。

単行本としてまとめるにあたり、山川出版社第三編集部の萩原宙氏に多大の尽力をいただいた。萩原氏の熱心でこまやかな編集作業にもあらためて謝意を表したい。そのほか製作にかかわってくれた人たちにも御礼を伝えたい。

二〇一三年（平成二十五年）六月

保阪正康

主要参考文献及び本書のなかで紹介した書籍

第一部

『カウントダウン・メルトダウン（上・下）』（船橋洋一、文藝春秋）
『第二次世界大戦』（W.S. チャーチル、佐藤亮一訳、河出文庫）
『日本の原爆—その開発と挫折の道程』（保阪正康、新潮社）
『昭和陸軍の研究（上・下）』（保阪正康、朝日文庫）
『昭和の戦争を読み解く—戦争観なき平和論』（保阪正康、中公文庫）
『大本営参謀の情報戦記—情報なき国家の悲劇』（堀栄三、文春文庫）
『日本戦争経済の崩壊』（アメリカ合衆国戦略爆撃調査団編、正木千冬訳、日本評論社）
『検証・昭和史の焦点』（保阪正康、文藝春秋）
『戦争の経済学』（ポール・ポースト、山形浩生訳、バジリコ）

第二部

『吉田茂という逆説』（保阪正康、中公文庫）
『年報・日本現代史第5号　講話問題とアジア』（現代史料出版）
『昭和史への一証言』（松本重治、毎日新聞社）
『吉田茂とサンフランシスコ講和』（三浦陽一、大月書店）
『世界と日本』（吉田茂、番町書房）
『秩父宮―昭和天皇弟宮の生涯』（保阪正康、中公文庫）
『日本外交史27・サンフランシスコ平和条約』（鹿島平和研究所編、鹿島研究所出版局）
『日本の領土問題―北方四島、竹島、尖閣列島』（保阪正康・東郷和彦、角川oneシリーズ）
『戦後史の正体』（孫崎享、創元社）
『戦後政治体制の起源』（村井哲也、藤原書店）
『戦後政治の証言』（宮沢喜一、読売新聞社）

保阪正康（ほさか・まさやす）

ノンフィクション作家。一九三九年北海道生まれ。同志社大学卒業後、出版社勤務を経て著作活動へ。『東條英機と天皇の時代』『昭和陸軍の研究』『瀬島龍三―参謀の昭和史』など昭和史を中心とした著書多数。「昭和史を語り継ぐ会」を主宰し、『昭和史講座』を独力で刊行し続けている。一連の昭和史研究で第五十二回菊池寛賞受賞。

昭和《しょうわ》の戦争《せんそう》と独立《どくりつ》
二十一世紀の視点で振り返る

二〇一三年七月三十一日　第一版第一刷発行

著者　保阪正康
発行者　野澤伸平
発行所　株式会社 山川出版社
東京都千代田区内神田一−一三−一三
〒一〇一−〇〇四七
振替　〇〇一二〇−九−四三九九三
電話　〇三（三二九三）八一三一［営業］
〇三（三二九三）一八〇二［編集］

企画・編集　山川図書出版株式会社
印刷所　半七写真印刷工業株式会社
製本所　株式会社ブロケード
装幀　マルプデザイン（清水良洋）
本文デザイン　マルプデザイン

ISBN 978-4-634-15040-9

日本人は「二つの日」をどう記憶し、
何を忘れてきたのか――。

昭和史、二つの日

語り継ぐ十二月八日と八月十五日

保阪正康［著］

昭和史の大家が語りおろす、
取材秘話と新視点たっぷりの肩のこらない歴史講義

山川出版社

四六判　定価1,600円+税　ISBN 978-4-634-15025-6